VOCÊ É DO TAMANHO DO SEU SONHO

2ª Edição

Proteção de direitos

Todos os direitos autorais desta obra são reservados e protegidos pela Lei nº 9.610/98. É proibida a reprodução de qualquer parte deste material didático, sem autorização prévia expressa por escrito do autor e da editora, por quaisquer meios empregados, sejam eletrônicos, mecânicos, videográficos, fonográficos, reprográficos, microfílmicos, fotográficos, gráficos ou quaisquer outros que possam vir a ser criados. Essas proibições também se aplicam à editoração da obra, bem como às suas características gráficas.

Diretor Presidente	Evandro Guedes
Diretor Editorial	Javert Falco
Diretor de Marketing	Jadson Siqueira
Gerente	Mariana Passos
Editora responsável	Paula Craveiro
Revisora de Texto	Halime Musser
Atualização	Julian Quintanilha
Coordenador de Editoração	Alexandre Rossa
Imagens	Shutterstock; acervo pessoal; acervo AlfaCon

Dados Internacionais de Catalogação na Publicação (CIP)
Jéssica de Oliveira Molinari CRB-8/9852

G957v

Guedes, Evandro

Você é do tamanho do seu sonho / Evandro Guedes. – 2. ed. - Cascavel, PR : AlfaCon, 2022.

212 p.

Bibliografia
ISBN 978-65-5918-500-9

1. Empresários – Biografia 2. Sucesso 3. Concursos públicos 4. Mudança de vida I. Título

22-4182 CDD 929

Índices para catálogo sistemático:
1. Empresários – Biografia

Data de fechamento 1ª impressão: 02/01/2022

 Dúvidas?
Acesse: www.alfaconcursos.com.br/atendimento
Núcleo Editorial:
 Rua: Paraná, nº 3193, Centro – Cascavel/PR
 CEP: 85810-010
Núcleo Comercial/Centro de Distribuição:
 Rua: Dias Leme, nº 489, Mooca – São Paulo/SP
 CEP: 03118-040
 SAC: (45) 3037-8888

Dedico este livro à minha família (minha esposa Tati e meus filhos Yas e Dan), que sempre esteve ao meu lado, nos bons e nos maus momentos, e que fez de mim um homem melhor!

SABEDOR DE QUE A PALAVRA CONVENCE, MAS O EXEMPLO ARRASTA, TRAGO A VOCÊ A HISTÓRIA DA MINHA VIDA, NÃO COMO ENTRETENIMENTO OU MERA EXALTAÇÃO, MAS COMO PROVA DE QUE TUDO É POSSÍVEL. MEU INTUITO É DESPERTAR EM VOCÊ A PAIXÃO PELA VIDA E O DESEJO PELO SUCESSO.

Sumário

PARTE 1 - VOCÊ É DO TAMANHO DO SEU SONHO! 15
    Ponte ou muro? 18
    TDAH – Tenacidade, Determinação, Autoconfiança e
    Honestidade 22
    Suas ações mostram quem você é de verdade 29
    Na Época da PMERJ 33
    O sonho de ser um policial federal 42
    É na subida que a canela engrossa 46
    Foque nas oportunidades, não nos problema 53
    Foco, resiliência e êxito 60
    Depen – "O jogo só termina quando acaba" 67
    Eu odeio ser normal 76
    PRF 2009 – "O bom é inimigo do ótimo" 82
    O outro lado da história 88
    Colhendo os frutos 95

PARTE 2 - VIDA DE CONCURSEIRO: COMO TUDO ACONTECE 101
    Equilíbrio e paciência 104
    Carta aos concurseiros 111
    Uma história de superação 115
    Uma lição de vida 120
    A possibilidade de mudar sua vida 130

A missão continua 132
Foco na preparação 142
Mapa da aprovação 144
Organização 147
Plano de estudos – o grande segredo 152
Tabela de estudos 158
Desvendando as bancas 163
A importância dos simulados 168
A palavra mais importante do dicionário 171
Faculdade *versus* concurso público 175
A grande lição 179

PARTE 3 - DO CONJUNTO HABITACIONAL AO MUNDO EMPRESARIAL 181

Tome posse do seu destino 184
O medo não dirige BMW 186
A diferença entre louco e gênio é o resultado 191
Tudo na vida tem que ter um dono 193
Sucesso não traz felicidade; felicidade traz sucesso 195
Entrando em alta *performance* – O "quarto grau" 199
Espere o melhor, prepare-se para o pior, enfrente o que vier .. 200
Pensar pequeno e pensar grande dá o mesmo trabalho 203
Uma nova história 206

Sobre o autor

Evandro Guedes é um ponto fora da curva. Quando me convidou para fazer o prefácio do seu livro, mais do que aceitar o convite, eu queria que enviasse o texto imediatamente, pois sabia que estava diante de uma história de vida incrível, digna de roteiro de cinema.

Recordo-me perfeitamente do dia em que o conheci pessoalmente. Estávamos em Florianópolis, em um evento para milhares de policiais de todo o Brasil. Eu havia acabado de fazer uma palestra, quando um amigo me falou que o Evandro gostaria de me entrevistar para seu programa que, diga-se de passagem, era visto por milhões de pessoas na internet.

Assim que começamos a conversar, percebi que estava diante de alguém diferenciado. Suas perguntas, seu raciocínio rápido, sua autenticidade, simpatia, simplicidade... Enfim, Evandro era composto por uma fórmula infalível de sucesso. A partir daquele momento, o "menino" vindo do interior do Rio de Janeiro, que chegou aonde muitos gostariam de estar, ganhou mais um fã, mais um seguidor.

Posso assegurar que a história com a qual o leitor se deparará tem um início, um meio, mas, com certeza, ainda está muito longe do seu fim, porque o autor, com sua incansável vontade de caminhar, de buscar objetivos diferentes, ainda tem muito o que conquistar. É de pessoas assim que o nosso país precisa. São homens visionários, que não se abalam com as adversidades, que utilizam os destroços como forma de ajudá-los a saltar as barreiras, que não se intimidam com comentários negativos vindos de pessoas que nada têm a acrescentar. São motivados pelas adversidades, ou seja, guerreiros que servem de exemplo a todos nós.

Confesso que muitas vezes identifiquei a minha história de vida nas páginas deste livro fantástico, que, para muitos, poderá ser considerado até como autoajuda, mas que, na verdade, é um testemunho de garra, força de vontade, abnegação, perseverança, determinação e, acima de tudo, crença em um Deus que pode todas as coisas.

Durante minha caminhada, aprendi uma lição, a qual Evandro relata muito bem neste livro: *o difícil compete ao homem; Deus somente intervém no impossível.* Um concurso público é difícil? Obviamente que é. Portanto, estude com afinco, dedique-se verdadeiramente, não fique se enganando ou juntando mil desculpas para sua falta de tempo de estudar. Isso é problema seu e Deus não intervirá na sua aprovação. Faça a sua parte. O que Deus fará, se você estiver disposto, é mudar sua força de vontade, mas Ele não estudará nem fará a prova por você. Se você entender isso, já será um grande passo para o seu sucesso. Deus não fará aquilo que compete a você fazer, mas Ele nunca deixará de ajudá-lo a atingir seus objetivos.

Isso foi percebido pelo autor desde cedo. Sua vontade de vencer, mesmo em meio a tantas adversidades, fez com que cada vez mais se fortalecesse. Uma das suas frases mais marcantes retrata bem a importância do sofrimento no crescimento daquele que tem foco, que busca atingir seus objetivos. Assim, nas precisas lições do autor: "É na subida que a canela engrossa."

Este livro mostra como é verdadeira a afirmação que diz que não devemos desprezar os pequenos começos. Na verdade, somente será um grande líder aquele que já experimentou o que é feito pelos seus liderados. Evandro é a prova viva disso. Não saberia dizer o que ele não fez. Desde pequenos e eventuais trabalhos, como vendedor de cartões de Natal, distribuidor de panfletos nas ruas, auxiliar administrativo em um escritório de contabilidade, vendedor de sanduíches e sucos, funcionário de metalúrgica, taxista, enfim, uma sucessão incalculável de experiências que somente fariam aumentar ainda mais o seu desejo de criança, ou seja, o de ser um policial federal. Essa determinação inspirou sua trajetória de vida.

Em 1998, depois de já ter experimentado o sabor amargo de uma reprovação, Evandro obteve sucesso no seu primeiro concurso para a

Polícia. Embora ainda não fosse a realização do seu sonho, ele agora fazia parte da Polícia Militar do Estado do Rio de Janeiro (PMERJ). Esse foi só o começo. Algumas derrotas e muitas vitórias em concursos públicos fizeram a sua forja, tonando esse guerreiro experiente na "arte de se preparar para concursos públicos".

Mesmo em 2006, já empossado no Depen, exercendo suas funções na Penitenciária de Catanduvas, no Paraná, a vontade de continuar prosseguindo em direção ao seu alvo inicial ainda pulsava. Em 2009, já lecionando no Alfa Concursos, foi publicado o tão aguardado edital para a Polícia Federal. Agora, no entanto, seu foco já não era mais ser um policial federal, mas, sim, demonstrar a seus alunos a correção de seu método de estudo, o que realmente aconteceu quando foi aprovado para o cargo de escrivão.

A vida empresarial, no entanto, falou mais alto. Seu dom de ajudar as pessoas a realizar seus sonhos o obrigou a se dedicar exclusivamente a essa missão, com certeza uma das mais importantes da sua vida. Prova disso são os relatos de sucesso que recheiam as páginas deste livro. São pessoas comuns, que insistiram em não desistir de seus projetos, e que hoje podem gozar os frutos dos seus esforços.

Sua história de sucesso no Alfa Concursos, que mais tarde, em 2012, veio a ser rebatizado como AlfaCon, transformou, literalmente, a vida daquele "menino" que saiu do interior do Rio de Janeiro, vindo a ser reconhecido como um dos maiores empresários brasileiros.

Enfim, o mais importante é que o leitor perceberá que o sucesso profissional não mudou seu coração. Evandro Guedes continua a ser o mesmo Evandro. Claro que, agora, conta com o conforto que os esforços e sacrifícios lhe proporcionam. Isso, no entanto, incomoda muita gente. O sucesso incomoda os medíocres, que não pagam o preço, mas são rápidos em criticar. Seu jeito natural, espontâneo, sincero, explosivo, desbocado, persistente, obcecado, e, muitas vezes, "casca grossa", mostra-nos um Evandro único, sem maquiagens. Talvez essa seja a fórmula do seu sucesso.

A mim, só resta agradecer a esse amigo querido pelo privilégio de ter tomado conhecimento antecipado dessas lições que, certamente, mudarão a vida daqueles que almejam um futuro melhor. Como disse anteriormente, o livro cuida do início, do meio, mas o fim está nas mãos de Deus, que ainda tem muito que oferecer na vida desse grande coração, chamado Evandro Guedes.

Rogério Greco
Pós-doutor, doutor e mestre em Direito
Professor de Direito Penal
Autor de várias obras jurídicas

Introdução

Alô, você!

Este é um livro para despertar em você a paixão pela vida, pela conquista, pela superação, pelo sucesso. Escrevo já há algum tempo para concursos, com obras de teoria na área de Direito. Não sou um autor de grande experiência, mas sou um escritor determinado, compulsivo pela escrita. Gosto de desafios, por isso eu me entreguei à elaboração deste livro.

Espero que esta leitura possa despertar em você a vontade de enfrentar todos seus medos, suas limitações, seus fracassos. Penso que, quando há superação, acontece a realização pessoal.

Minha pretensão com esta obra é mostrar que é possível alcançar seu sonho, por maior e mais distante que ele pareça. Para isso acontecer, você deve ter a vontade de realizar algo. Ao longo de minhas experiências de vida, percebi que é necessário mudar a forma de pensar e agir para que seja possível conseguir aquilo que se deseja. É preciso ter atitude e buscar desenvolver a habilidade de conduzir sua vida com uma direção e um propósito, tendo clareza em relação àquilo que está pensando ou não em fazer, estipulando metas e mantendo a consciência de que os erros e as quedas serão inevitáveis e não poderão, de forma nenhuma, parar você. Lembre-se de que este é o maior segredo do sucesso: levantar todas as vezes que cair e nunca parar até conquistar seu objetivo.

Evandro Guedes
CEO do AlfaCon Concursos

PARTE 1

VOCÊ É DO TAMANHO DO SEU SONHO!

PARTE 1

Ponte ou muro?

TDAH – Tenacidade, Determinação, Autoconfiança e Honestidade

Suas ações mostram quem você é de verdade

Na Época da PMERJ

O sonho de ser um policial federal

É na subida que a canela engrossa

Foque nas oportunidades, não nos problema

Foco, resiliência e êxito

Depen – "O jogo só termina quando acaba"

Eu odeio ser normal

PRF 2009 – "O bom é inimigo do ótimo"

O outro lado da história

Colhendo os frutos

Ponte ou muro?

Antes de iniciar a leitura deste capítulo, proponho uma reflexão. Você encara as dificuldades como uma ponte (que lhe permite seguir adiante e ultrapassar os desafios) ou como um muro (que serve como uma barreira, uma desistência)?

Todos os dias eu ensino pessoas a estabelecerem metas, a acreditarem que é possível, a não reclamarem do que Deus nos concedeu.

Eu costumo dizer que se seu sonho não é chorado, criticado, doído, enfim, é porque não é tão grande assim!

Para começar a contar minha história, preciso destacar um fato de minha vida que foi muito significativo para mim. Isso ocorreu na época em que eu era soldado da Polícia Militar do Estado do Rio de Janeiro (PMERJ). Nos próximos capítulos, explicarei melhor essa fase. O que eu quero mostrar agora é como o estudo e os livros fizeram, ainda fazem, e acredito que sempre farão, parte da minha vida.

Certa vez, ganhei um livro novinho de meu pai. Custava caro para os nossos padrões à época, e aquilo significou muito para mim. Além de ter sido um presente do meu pai, era um sinal de que ele acreditava em mim; representava um mundo de novas possibilidades e a oportunidade para realizar o sonho de passar no concurso para a Polícia Federal. Naquele dia, na cidade de Barra do Piraí, interior do Rio de Janeiro, eu, como soldado da PMERJ, deveria cumprir plantão na ponte conhecida como Ponte Metálica, impedindo que caminhões tivessem acesso a ela, que corria o risco de cair com sobrepeso. Essa era minha missão.

Como era de meu costume, eu levava sempre um livro para os plantões, para que pudesse aproveitar aquele tempo para estudar. Eu ainda estava nas primeiras páginas, quando, de repente, uma viatura de supervisão chegou e, pelo susto, só tive tempo de jogar o livro para longe de mim. De nada adiantou, pois o tenente, ao perceber minha reação, pegou o livro que eu havia jogado e deduziu que eu estava estudando. Como punição, ele mandou que me recolhesse ao batalhão após o plantão para que eu cumprisse prisão administrativa durante todo o final de semana. Naquele momento, percebi que as dificuldades devem ser vistas como formas de impulsionar suas atitudes, pois acredito e sempre digo que é na subida que a canela engrossa.

Naquele dia, chorei. Minha felicidade havia se transformado em frustração, raiva. Havia ganhado um livro que seria muito importante para minha vida, que meu pai me deu de presente e, sem mais nem menos, o tenente o levou embora. E, mais uma vez, tive que aprender a superar obstáculos. Bateu o desespero! Pensei em jogar tudo para o alto. Estava cansado de levar porrada.

Fiz o que o tenente determinou. Deixei que ele levasse o livro. Mas, no mesmo instante em que pensei em desistir, Deus novamente me deu forças e a vontade de vencer voltou a se apoderar de mim. Sabia que poderia fazer qualquer coisa se tivesse determinação. E isso eu tinha – e tenho – de sobra.

Quero destacar a importância dessa época. Essa ponte serviu para mim como uma inspiração para enfrentar todos os meus desafios.

Aprendi com a vida que não se pode deixar nada nem ninguém atrapalhar a sua trajetória. Tudo sempre foi muito difícil para mim, mas nunca deixei que a sensação de fracasso, de sentir-se vítima tomasse conta de mim.

Você é do tamanho do seu sonho!

NÃO DEIXE NADA NEM NINGUÉM ATRAPALHAR SUA TRAJETÓRIA.

Desde pequeno, tive que aprender a superar minhas dificuldades e meus problemas. Fui obrigado pela vida a ser "mais" do que os outros. Quem me conhece apenas pelo que sou hoje não sabe o quanto minha vida foi uma sucessão de adversidades. A primeira delas, aquela que me marcou na infância, foi ter sido diagnosticado, aos sete anos, com Transtorno do Déficit de Atenção com Hiperatividade (TDAH). Desde aquela época, entendi que ser diferente dos outros é bem mais difícil do que se fala por aí, mas nada que não possa ser superado e, por que não, ser usado a seu favor.

**NO QUE É COMPETÊNCIA DO
HOMEM, DEUS NÃO MOVE
UMA PALHA.**

TDAH - Tenacidade, Determinação, Autoconfiança e Honestidade

Sou o filho mais novo de uma costureira e um motorista de táxi. Tenho uma irmã, sete anos mais velha do que eu, e tive uma infância com dificuldades, típica de um menino criado no interior do estado do Rio de Janeiro.

Cresci como qualquer outra criança da minha época. Aproveitava a vida andando de bicicleta, subindo em árvores, jogando bola na rua, brincando de esconde-esconde, correndo, pulando para lá e para cá. Adorava brincar em um balanço da casa de uma tia que morava em Vargem Alegre, cidade onde vivia minha avó materna, Jovina, e onde eu passava férias e os finais de semana.

Essas lembranças representam uma época da vida em que eu tinha muitos amigos. Mas bem cedo foram surgindo barreiras que tentavam limitar minhas habilidades.

Nem todas as pessoas com as quais eu convivia viam na educação uma forma de mudar o mundo e as pessoas. Porém, eu lembro que minha mãe sempre deu um jeito para que eu estudasse na melhor escola da cidade. Recordo o tempo com a

Um sonho de infância.

família ao redor da mesa, de nossas conversas, das histórias que contávamos. Guardo muitas lembranças de minha infância, momentos bons e alguns momentos difíceis.

Mas, como sempre, existe o outro lado da moeda...

Desde que comecei a ir à escola, aprendi a lidar com minha falta de habilidade de concentração, de aprender algo. Por isso, minha mãe teve a iniciativa de me levar ao médico em busca de tratamento.

O motivo de procurar ajuda médica: não fui aprovado na 2ª série do Ensino Fundamental.

O médico foi taxativo: "Seu filho tem TDAH." Esse transtorno aparece na infância e, na maioria dos casos, acompanha o indivíduo por toda a vida. Foi o que aconteceu comigo. Eu tinha sintomas de desatenção, hiperatividade e impulsividade.

Acredito que, mesmo com apenas sete anos, eu já sabia que deveria me esforçar muito mais do que os outros se quisesse me destacar, se quisesse ser alguém na vida.

O médico me receitou vários remédios e me incentivou a praticar atividade física. Eu escolhi o judô, o que foi muito positivo para mim naquela época. Mesmo depois de um período de tratamento e seguindo todas as orientações médicas, anualmente ficava em recuperação em alguma matéria na escola, até terminar o Ensino Médio.

Dessa época, eu tirei uma grande lição: não importam as dificuldades, o que as pessoas dizem sobre você, não importa se alguém diz que você não pode vencer, não importa receber um não. Valorize seus pensamentos, suas crenças, sua determinação para buscar o "sim". Mesmo que tudo esteja contra você, é possível vencer se houver determinação, vontade, organização e autoconfiança.

Hoje, vejo claramente como as minhas experiências determinaram meu crescimento pessoal. Sei que foram os "nãos" que me tornaram forte e deram mais resistência para percorrer o difícil e longo caminho até chegar ao sucesso.

Você é do tamanho do seu sonho!

Muitas pessoas veem na dificuldade, na adversidade uma forma de se sentirem vítimas e passam a achar culpados para o próprio fracasso. Graças a Deus eu não me comportei assim. Fiz o contrário. Já naquela época, os erros e as frustrações eram sentidos, mas não me abatiam. Se alguém me dizia que eu não era capaz, eu me dedicava ao máximo para provar que aquela pessoa estava errada. Acredito que a hiperatividade sempre me fez ser uma pessoa intensa, constante, que não tem preguiça de nada.

Como vivi e aproveitei a minha infância! Mesmo não sendo de família rica, ainda que passasse por dificuldades financeiras, sempre fui uma criança que brincava muito. Talvez, por isso, aprendi a fazer minha própria pipa. Hoje, percebo por que as pipas tiveram um grande peso na minha vida. Com elas, aprendi a buscar meu espaço, a ir além das barreiras, a desenvolver minha capacidade de voar alto.

Também tenho uma lembrança bem significativa dessa época de minha vida. Com mais ou menos dez anos, pude conviver um tempo com um policial federal. Essa convivência foi muito importante: saber que havia algo além do que via na minha cidade, algo para sonhar, para buscar. A partir desse momento, eu sabia o que queria ser: policial federal. Ninguém conseguiria me fazer desistir do meu sonho. Quando você acredita em si mesmo, ninguém consegue fazer com que mude de ideia. Por mais duras que sejam as palavras desanimadoras ditas por alguns, ou as adversidades, você segue sempre em frente.

No início da minha adolescência, tive pequenos empreendimentos: venda de cartões de Natal, venda de sanduíches, distribuição de panfletos... Sempre correndo atrás para ter meu próprio dinheiro. Um pouco mais velho, com dezesseis anos, percebi que as minhas atividades comerciais de adolescente já não eram o que eu queria ou necessitava. Estava na fase em que não se é adulto para fazer certas coisas, mas se é repreendido por agir como criança. Eu estava em busca da minha personalidade, da liberdade, do amor e da realização pessoal. Era inconstante em minhas atitudes e emoções.

Queria criar minha própria identidade. Era inquieto, queria saber de tudo, entender tudo, descobrir tudo.

Comecei a trabalhar em um escritório de contabilidade. Como sempre fui muito dedicado, destaquei-me nesse local de trabalho. Acredito que as pessoas, para serem bem-sucedidas, têm de entender que tudo aquilo que fazemos deve ser muito bem-feito. Uma pessoa que faz tudo "mais ou menos" será um profissional mais ou menos, uma pessoa mais ou menos, um filho mais ou menos. Ou seja, nunca chegará a ser um vencedor, sempre passará perto.

Nesse escritório, percebi que havia muita confusão em alguns documentos. Por isso, mesmo sem receber ordens para isso, decidi reorganizar todos os contratos – a proatividade é essencial em pessoas de sucesso. Ainda bem que agi assim! Foi uma época muito produtiva. Aprendi que uma pessoa, se quiser se destacar, ser melhor, ser reconhecida, precisa fazer mais do que o "feijão com arroz"; precisa ter ousadia, criatividade. E conheci uma palavra que faz parte da minha vida até hoje: meritocracia. Por meio disso, percebi como funciona um sistema baseado nos méritos pessoais de cada indivíduo.

Tudo ia bem até que, infelizmente, o dono do escritório faleceu e fiquei sem emprego.

É difícil estar desempregado? Depende. Se você se acha uma vítima das circunstâncias, a resposta é "sim". Se você vê, em um momento de crise, uma oportunidade, a resposta é "não".

Graças a Deus, vi uma oportunidade. Passei a investir em um novo empreendimento. Acho que posso chamar assim. No início, contei com a ajuda de minha mãe. Ela me ajudou a comprar uma caixa térmica. E para que eu precisava disso? Bem, entrei no ramo alimentício.

Organizei um negócio próprio de venda de sanduíches. Para poder chegar aos edifícios e vender meu produto, fazia amizade com os porteiros. E deu muito certo. No começo, eu vendia apenas sanduíches. Mais tarde, passei a entregar sucos também.

Você é do tamanho do seu sonho!

Que lições tenho dessa época? Consegui formar bons hábitos, que passaram a fazer parte de meu dia a dia. Entendi que cada um tem qualidades a serem admiradas, mesmo se estiverem ocultas.

» **Persistência** – Aprendi que é preciso ter persistência até que se alcance o êxito.

» **Positividade** – Conheci pessoas que me mostraram a não usar palavras como "desistir", "não posso", "impossível", "improvável", "fracasso", "impraticável".

» **Planejamento** – Percebi que uma pessoa de sucesso estabelece objetivos para cada dia, cada semana, cada mês, cada ano, e para a vida. Ao fixar seus próprios objetivos, é possível ter sempre o melhor desempenho. Ter sucesso é superar-se a cada dia.

O casal de leões.

Evandro sempre se destacou dentre qualquer grupo de pessoas e em qualquer lugar. Sempre foi o mais falante, o mais interessado. Por exemplo: no judô, não admitia perder; na escola, sempre foi líder de turma; na faculdade, foi o orador e participou da comissão de formatura; quando começou a estudar para concurso, reformou uma sala na laje da casa da sua mãe (a antiga "sala de costura") para dar aula. Acredito que essa característica, essa habilidade de se destacar entre as pessoas é um dom de Deus.

Tatiana Santiago Guedes – esposa de Evandro

Você é do tamanho do seu sonho!

No seu dia a dia, você vê uma situação habitual como uma oportunidade de empreender?

> **MESMO QUE TUDO PAREÇA ESTAR CONTRA VOCÊ, É POSSÍVEL VENCER. TOME AS RÉDEAS DE SUA VIDA!**

Você é do tamanho do seu sonho!

Suas ações mostram quem você é de verdade

Eu tinha um problema a resolver depois de terminar o Ensino Médio: queria fazer faculdade. Mas como? Quem pagaria? Tentaria uma universidade pública? Sem chance... Até fiz vestibular para Engenharia. Fui aprovado, mas não tinha como pagar. Fazer o quê?! Minha realidade não era das melhores... Tive que desistir desse sonho. Passei a buscar outro. Meu objetivo era ser policial federal, mas eu não sabia como fazer isso.

Realidade da minha vida: comecei a trabalhar em um escritório de advocacia. O sonho do meu pai era ter um filho advogado e eu achava que ter uma graduação me faria uma pessoa de sucesso. Doce ilusão!

Eu me inscrevi no vestibular para cursar Direito. Tudo perfeito, até que... consegui perder o dia da prova. Para contornar a situação, eu me inscrevi no vestibular de Administração que aconteceria duas semanas depois. Fiz a prova e passei.

Comecei a fazer Administração de Empresas. Meu pai acreditava que eu estava cursando a faculdade de Direito. Não foi fácil. Somente depois de um ano estudando é que contei que não estava cursando Direito. Pelo menos, eu terminei a graduação que havia iniciado.

TER PERSPECTIVA É A CHAVE PARA VENCER NA VIDA.

Não havia muitas opções de trabalho em Barra do Piraí. Ou se trabalhava nos pequenos comércios locais, ou em duas grandes empresas, Metalúrgica ou Brahma.

A Metalúrgica era o objetivo de muitos moradores. Consegui uma vaga nessa empresa e comecei a trabalhar. A sensação de vitória era imensa, mas sabia que não ficaria muito tempo naquele lugar. Eu queria mais, muito mais do que aquilo.

Eu pensava nos meus dez anos. Do sonho de ser policial federal. Quando me lembrava disso, sabia que não podia me conformar com outro emprego e me acomodar. Tinha que buscar meu objetivo. Ainda não sabia muito bem o que faria, mas sabia que ninguém me faria desistir do meu sonho.

Eu não tinha outra opção no momento. Tinha de trabalhar. Não nasci em berço de ouro, meu pai não era rico e eu precisava pagar as minhas contas e me sustentar. Enfim, era um cara normal como qualquer outra pessoa que precisa se virar para conseguir sobreviver.

Conformado com a situação? Nunca. Sabia que esse emprego era provisório. Eu alcançaria lugares mais altos. Não sabia ao certo o que, mas tinha determinação, garra, vontade. Ninguém conseguia me deixar desanimado.

Aos 21 anos, estava cursando Administração de Empresas. Minha maior dificuldade era conciliar estudos e trabalho. Nessa época, eu trabalhava na parte de expedição da Metalúrgica Barra do Piraí. Minha função era carregar vários caminhões com tambores plásticos gigantes, as "bombonas".

Nessa empresa, eu trabalhava em regime de escala, por turno, e, uma vez ao mês, perdia uma semana de aula na faculdade, pois meu horário de trabalho era das 18 horas à meia-noite. Ainda ficava esperando para ver se alguém faltava para poder trabalhar mais um turno e aumentar a renda. Quando ninguém faltava, eu sempre fazia um bico no táxi de meu pai, nas tardes de folga. Trabalhei lá por cerca de 3 anos.

Acho que se eu tivesse aceitado minha condição de pessoa com TDAH, nunca teria chegado ao AlfaCon. Posso dizer que minha vida tem muito mais fracassos e derrotas do que vitórias. Aprendi que temos que errar muito, levar muitos "nãos", dar com a cara na porta muitas vezes, para conseguir alcançar o sucesso. A diferença entre quem vence e quem perde é a determinação.

Você é do tamanho do seu sonho!

32

**EM TODAS AS FASES DA VIDA,
PRECISAMOS NOS LEMBRAR
DA NOSSA ESSÊNCIA.**

Na Época da PMERJ

Em 1997, prestei meu primeiro concurso. Naquela época, eu não entendia o que significava a palavra estudo. Havia feito Ensino Fundamental e Ensino Médio como qualquer garoto normal. Não dava muita importância aos estudos e minha única função era passar de ano.

Antes de relatar esse episódio, quero esclarecer uma lição: o senso comum leva as pessoas a acreditarem que tudo se resolve como em um passe de mágica.

Nesse processo seletivo, fiz tudo o que **não** se deve fazer.

Soldado Bitencourt.

Que raiva! Não entendia nada de concursos. Cometi vários erros. Minha maior dificuldade: não havia ninguém que pudesse me orientar; não havia um curso que pudesse me preparar de maneira adequada. Por isso, hoje eu procuro ajudar as pessoas que querem mudar de vida por meio de um concurso público. Tento deixar o "caminho das pedras" mais curto.

Numa tarde qualquer, eu estava trabalhando no táxi do meu pai e, lendo o jornal local, vi a notícia de que haveria um concurso para a PMERJ. Na época, era assim que ficávamos sabendo de um concurso. Sem pensar duas vezes, fiz minha inscrição e não me preocupei muito em estudar. Na verdade, acreditei na velha história de que esse concurso não era muito concorrido. Além disso, eu conhecia vários ex-colegas de escola não tão estudiosos que foram aprovados.

Sem ao menos ler o edital, fui fazer o concurso, todo esperançoso. No dia da prova, eu estava mais perdido do que cego em tiroteio. Mas aquela prova estava muito fácil, cobrava os temas mais simples que você possa imaginar. Era só fazer o mínimo que qualquer candidato estaria aprovado.

Veio o resultado: aprovado! Legal, agora eu seria soldado da Polícia Militar do meu estado, certo? Errado! Descobri da maneira mais simples e dolorosa o que era a chamada segunda fase do concurso.

Como se tratava de uma prova da área policial, tínhamos as conhecidas provas física, médica e o temido psicotécnico. No dia do resultado do psicotécnico, eu estava em um grande grupo, de mais ou menos uns 50 candidatos, sob um sol de rachar. Um policial nos colocou em fila e foi chamando um a um. Nessa chamada, foram selecionadas cerca de 30 pessoas. O interessante é que eles iam chamando e mandando a pessoa sair, como se elas fossem embora. Por isso, veio a sensação de que todos que estavam sendo chamados eram os eliminados. Todos no grupo estavam apreensivos e ninguém queria ouvir seu nome sendo chamado. Isso perdurou por alguns minutos e, no final, sobrou um grupo pequeno. Para a minha surpresa – e para a surpresa geral –, o policial que estava comandando olhou para o grupo e disse:

– Perderam. Vocês estão eliminados!

Você é do tamanho do seu sonho!

Confesso que saí dali arrasado e chorei um monte naquele dia. Eu havia criado a expectativa de ser policial, de ser estável em uma profissão empolgante e que, ainda por cima, dava a oportunidade de crescer profissionalmente.

Descobri do modo mais pesado que, no mundo dos concursos, as coisas não eram tão fáceis quanto eu imaginava. Com a aprovação na prova escrita, tinha criado expectativas, feito planos. Achei que o emprego na metalúrgica já fosse coisa do passado. O concurso? O psicotécnico? Isso estava entalado em minha garganta.

Para minha surpresa, em menos de um ano, foram realizados dois concursos para PM do Rio de Janeiro. Na primeira prova, em 1997, havia ficado reprovado na segunda fase, no exame psicotécnico.

Em 1998, tivemos novo concurso para a PMERJ. Ah! Mas agora eu já estava um pouco mais experiente. Fiz a prova escrita, fui para as demais fases mais tranquilo e preparado, e pronto: deu certo. Dessa vez, consegui. Fui aprovado em todas as fases do concurso. É isso mesmo: passei no exame psicotécnico, aquele que estava entalado na minha garganta.

O curso de formação começou já no mesmo ano, em 1998. Ao ingressar como soldado da Polícia Militar do Estado do Rio de Janeiro, você faz o Curso de Formação de Soldados (CFSD) ou "recrutamento" e assim comecei como recruta. No recrutamento, você já sente a transição de cidadão civil para policial militar e, para mim, que não servi nas Forças Armadas, essa adaptação foi um pouco mais difícil, ainda mais com meu jeito de falar o que penso, sem travas. É isso mesmo, se isso já não é bem aceito por todos hoje, imagine como recruta da Polícia Militar. Isso me rendeu alguns castigos, no período de seis meses de curso,

Curso de Formação de Soldados, 1998.

mas aceitava as broncas e os castigos com bom humor.

No curso de formação de uma instituição militar, aplicam-se ao aluno a adversidade e a pressão psicológica, para que ele se acostume a resolver problemas apesar das circunstâncias. Esse ambiente gera entre os alunos do mesmo curso o extremo espírito de respeito e fortalece as amizades. Comigo não foi diferente: os amigos que fiz nessa época, e são muitos, carrego comigo até hoje. Passaram-se anos e toda vez que nos encontramos parece que nos vimos no dia anterior. É amizade pura, como tem que ser.

Formatura do CFSD.

Naquela mesma época, durante meu curso de formação, conheci Tatiana Santiago Bueno, a mulher que se tornaria minha companheira, minha cúmplice, minha esposa, a mãe de meus filhos. Não tinha ideia de que ela se tornaria a mulher da minha vida. Dois anos depois que a conheci, fomos abençoados com um presente de Deus: a descoberta de uma gravidez. Pouco tempo depois, eu e Tati nos casamos e daí a alguns meses chegou a Yasmim, nossa primeira filha.

A partir daquele momento, "morria" o menino para "nascer" o homem.

Todas essas mudanças não foram fáceis: entrar para a Polícia Militar, me casar, me tornar pai. Tudo aconteceu praticamente ao mesmo tempo. Precisei organizar meus pensamentos e planos, buscar minha essência e me reinventar. Agora não era mais só o meu sonho; tinha uma família que dependia de mim. Mas sempre me adaptei rapidamente às mudanças da vida. As grandes transformações de minha vida e a maneira como lidei com elas me fizeram e me fazem ser uma pessoa bem-sucedida.

Os primeiros anos como policial militar foram empolgantes. Eu amava o que fazia. Dava meu máximo e acreditava que podia fazer a diferença. Apesar da dureza e responsabilidade do trabalho, acordava empolgado e ia trabalhar com satisfação todos os dias em que estava de serviço e nos dias em que não estava de serviço também. Você acha que o policial militar só trabalha nos dias em que está escalado? Não há folga. Independentemente do momento em que eu estivesse, seja de folga ou na segurança, eu atuava em qualquer problema que presenciasse. Já cometi alguns erros por meu ímpeto e meu excesso de vontade, mas nunca me omiti quando presenciava algo errado. O que mais lembro são os amigos que a Polícia Militar me trouxe. Tenho um respeito muito grande por quem esteve comigo nessa época. Só eu e meus amigos sabemos o que passamos, as dificuldades, os momentos bons, as angústias.

Na PMERJ, quem luta a seu lado é mais importante do que a própria guerra.

Objetivo conquistado.

Na Época da PMERJ

Conheço o Evandro há mais de 30 anos. Estudamos na mesma escola primária e fizemos o Ensino Médio juntos, período em que a amizade se fortaleceu. Em 1998, entramos juntos na Polícia Militar do Estado do Rio de Janeiro, onde fizemos o mesmo curso de formação de soldados e trabalhamos por longo tempo juntos.

Na PM, muitas das características hoje apontadas como qualidades eram tidas como defeitos: como a espontaneidade e a sinceridade rasgada que ele pratica, gerando alguns problemas que ele sempre levou com bom humor.

Nessa época, ele não tinha passado em concursos de repercussão, tinha uma vida simples, sem a autoridade que possui hoje decorrente da sua história de sucesso e, ainda assim, tinha o mesmo poder de convencimento.

A característica exclusiva que ele tem de ver nas pessoas, algo grande e valoroso que elas mesmas não conseguem ver, é quase uma doença, ele simplesmente não conseguia olhar para alguém e ver algo negativo. E o pior, por mais que as pessoas resistissem, não conseguiam não acreditar e se motivavam com as palavras dele. Mesmo sem o conhecimento de causa que possui hoje, ele conseguia promover a mesma mudança positiva de mentalidade, só que com as pessoas que o cercavam.

A experiência que ele adquiriu com os longos anos de estrada e o advento da internet e das redes sociais ampliaram o poder e o alcance das suas palavras, permitindo que alcançasse e mudasse milhares vidas, fazendo com que conquistasse toda a notoriedade que possui hoje.

É muito gratificante estar hoje do lado dele e ver tudo o que conquistou; lembrar de onde saiu e aonde chegou.

Ter presenciado sua trajetória e os obstáculos vencidos fará com que seja ainda mais gratificante a visão de onde ele ainda vai chegar.

Julian Quintanilha – amigo e líder de setor no AlfaCon

Você é do tamanho do seu sonho!

Posso dizer que, de 1998 até hoje, minha vida deu uma reviravolta. Por várias vezes, ao longo do dia, chego a me perguntar se tudo isso realmente é verdade.

Estou tão calejado de levar pancada da vida que, hoje, não me dou ao direito de pensar que as coisas não podem melhorar. Ter perspectiva é a chave para vencer na vida.

Aprendi que a vida nunca fica 100% equilibrada, ou seja, os problemas nunca acabam. Você apenas os adapta à sua realidade. Por isso, junto com a empolgação de ser policial militar, vieram milhares de problemas e decepções.

Chega um tempo na vida em que uma pessoa entende que as decepções são provocadas por nós mesmos. Ou seja, ninguém nos decepciona, nós é que colocamos muitas expectativas em alguém.

No mesmo ano em que entrei para a Polícia Militar, comecei a estudar para concursos maiores. Por quê? Ah, eu já havia entendido que meu sucesso dependia exclusivamente de mim. Passei a ter como um de meus lemas uma frase que um dia li: "Pensar pequeno e pensar grande dá o mesmo trabalho." Então, é melhor pensar grande.

Um dos motivos que me levaram a buscar outros concursos foi uma cena que presenciei. Certo dia, quando ainda estava com meu amigo Julian Quintanilha no curso de formação de soldados da PMERJ, vi viaturas da Polícia Federal passando pela minha cidade. Lembrei-me dos meus 10 anos: do meu sonho de ser policial federal. Aquilo simplesmente acendeu uma chama tão forte de esperança, que moldou minha trajetória e minha vida. Naquele momento, voltei a sonhar grande. E como não basta sonhar, comecei a buscar esse sonho.

Na Época da PMERJ

Como você lida com as derrotas e as decepções?

RECLAME MENOS, DEDIQUE-SE MAIS! VOCÊ VERÁ QUE GRANDES COISAS ACONTECERÃO.

O sonho de ser um policial federal

No início de 1999 – já com a ideia fixa de me tornar um policial federal –, comprei dois volumes de uma apostila. Naquela época, não tinha noção de nada, simplesmente comprei a primeira que apareceu. Como ela parecia bem grande, eu achava que o investimento estava valendo a pena.

Eu tenho que rir quando me lembro disso. Eu fazia tudo o que não devia ser feito. Por isso, hoje eu batalho tanto pelos meus alunos, cobro tanto a determinação deles, e tento dar a melhor preparação possível. Sei o que é estudar sem rumo, sem direção, sem orientação. Aprendi na porrada as consequências negativas de se estudar da forma errada. Graças a Deus eu posso ajudar pessoas a realizarem os próprios sonhos. Hoje percebo que, realmente, a educação muda o mundo e muda as pessoas.

Em 2000, fiz o primeiro concurso que me fez entender o que era estudar. Descobri, naquele ano, que estudar pouco ou estudar errado nos leva ao inevitável fracasso. Descobri o amargo gosto de ir muito mal em uma prova de concurso. Eu estudava por conta própria, com material desatualizado. Não tinha um plano de estudos, revisava várias matérias por dia (o que não me permitia dominar um conteúdo), não fazia exercícios e muito menos simulados. Ou seja, a maneira como eu estudava não estava contribuindo para a minha preparação. Por isso, insisto tanto no fato de que é preciso planejamento. Essa é a base, por exemplo, de

Você é do tamanho do seu sonho!

uma aula que desenvolvi, chamada "Como estudar para concursos". Uso minha própria experiência (erros e acertos) como exemplo para aqueles que, assim como eu, querem mudar de vida e precisam de orientação.

Continuei no meu ritmo de estudos. No final de 2003, passei a estudar de forma correta. Aprendi como montar meus estudos e como conciliar minha vida louca. Nessa época, eu trabalhava na Polícia Militar, no táxi de meu pai, e ainda fazia serviços extras como segurança particular.

NÃO OUÇA CRÍTICAS DE QUEM NUNCA CONSTRUIU NADA.

Assim, os anos foram se passando e minha preparação ia se aprimorando. Eu já percebia que meu rendimento melhorava na hora de resolver questões, quando fazia meus próprios simulados. A cada dia, a cada mês, a cada ano, passava por um turbilhão de emoções, alegrias, dificuldades, insegurança, medo, tristezas. É claro que também vinham as críticas, os deboches e todo tipo de coisa de que não precisamos para mudar de vida, mas que servem como mola impulsionadora para a composição de nosso caráter. Quanto mais duvidavam de mim, mais eu queria ser um vencedor.

O sonho de ser um policial federal

Até que ponto você tem coragem para viver seu próprio sonho?

A EDUCAÇÃO MUDA
O MUNDO E MUDA AS
PESSOAS.

É na subida que a canela engrossa

Aprendi, pelas porradas que levei na vida, e na forma como ficava cada vez mais forte, que é na subida que a canela engrossa.

Em 2001, eu estava mais "louco" do que nunca, e minha única função era estudar. Meus superiores na Polícia Militar perceberam isso, e fiquei conhecido como "o vagabundo do batalhão que só quer estudar". E foi essa fama que trouxe de presente para mim uma ponte, chamada Ponte Metálica.

Hoje, a ponte é lembrada como um símbolo de dedicação, superação e realização de sonhos.

O serviço consistia em ficar em pé tomando conta de uma ponte que corria o risco de cair caso passassem caminhões pesados. A escala era de 12 × 36. Eu trabalhava 12 horas e folgava 36 horas.

Olha só um exemplo de como era a minha rotina: eu trabalhava por plantões, por escala. Na teoria seria assim: em um dia (por exemplo, segunda-feira), eu trabalhava das 7 às 19 horas, descansava das 19 às 7 horas (12 horas) e ficava mais um dia todo (24 horas) de folga. Desse modo, voltava a trabalhar na quarta-feira das 7 às 19 horas. Na prática, trabalhava um dia e folgava outro.

Por isso, eu aproveitava as folgas e o dia em que trabalhava no plantão da noite para fazer um bico no táxi do meu pai, às tardes, pois pela manhã eu ia para a faculdade. Na minha primeira folga, eu trabalhava também como segurança particular de um posto de gasolina que pertencia a um empresário de Barra do Piraí.

Fora essa correria toda, eu também trabalhava com transporte de valores, recolhia dinheiro dos pontos de ônibus de uma empresa de ônibus. Trabalhava em uma empresa de segurança que monitorava estabelecimentos comerciais. Nessa última, eu só tive dor de cabeça e nunca recebi todo o dinheiro pelo serviço realizado.

Agora, imagine minha semana:

Na segunda-feira pela manhã, eu tomava conta de uma ponte. Saía de lá e trabalhava como segurança particular (era tudo feito por escala, pois eu revezava com outros policiais).

Na terça, eu ia para a faculdade pela manhã e, à tarde, trabalhava como taxista. Depois, saía correndo e, à noite, trabalhava novamente de segurança.

Na quarta, eu ia para a faculdade, trabalhava no táxi e fazia o plantão na Polícia.

Na quinta, saía "quebrado" do plantão, ia para a faculdade e depois para o táxi. Aí, à noite, eu desabava de cansaço.

Na sexta, lá estava eu de volta: plantão e segurança.

A manhã de sábado era mágica. Nesse dia, eu saía às 5 horas e rodava 130 quilômetros para chegar ao curso preparatório no centro do Rio de Janeiro. As aulas iam das 8h30 às 19h30. O dia passava tão rápido e de maneira tão empolgante que o cansaço era insignificante. Mas ainda havia os 130 quilômetros de volta. Por isso, quando estava de plantão à noite, eu sempre chegava atrasado para o serviço na PM. Imagine a dor de cabeça que isso dava.

No domingo – quando estava de plantão na noite anterior –, eu dormia profundamente até à tarde, acordava e planejava a semana. Também não abria mão de reservar uma parte do domingo para fazer um simulado ou mesmo uma prova de algum concurso já realizado.

Às vezes, relembrando essa fase de minha vida, eu me pergunto: como é que eu conseguia estudar nessa confusão? Bem, a resposta para essa pergunta vem rápido à mente. Estudar para concurso não era só uma meta, era o meu sonho.

Era um sonho só meu, minha expectativa, meu futuro. Eu sempre tive em mente que não ficaria para sempre naquela rotina louca, naquela ponte horrível, naquele cargo da PM. Não queria mais comprar somente o que dava, compraria o que eu queria. Nunca comeria somente o que dava, queria comer aquilo de que gostava. Enfim, coloquei uma meta em minha vida. Só precisava me organizar.

Quando eu estava de plantão na PM durante o dia, levava resumos, anotações e exercícios, pois era mais simples não ser visto pelos supervisores. E eu conseguia um bom rendimento. Às tardes, quando eu estava no táxi, eu lia algum livro ou apostila pequena de conteúdo.

A segurança particular era a que me dava mais chance de estudar, pois com um tempo disponível e sem ninguém para me vigiar, era a oportunidade para colocar os estudos em dia. No período em que estava na faculdade, eu selecionava o dia em que ficaria em sala de aula. Para matérias que me interessavam, eu assistia à aula e estudava. Para aquelas menos importantes, eu estudava o suficiente para passar de semestre.

Você é do tamanho do seu sonho!

O lugar mais complicado era o plantão à noite na tal ponte. Aquilo era de matar!

Além de tomar conta de uma ponte, eu não podia deixar de estudar. Por isso, tinha que desenvolver mecanismos para não ser pego estudando pelos oficiais supervisores que ficavam sempre vigiando.

Na base do treino, aprendi a estudar durante a noite toda sem ninguém perceber.

O problema eram os caminhões. Nessa época, vários deles, carregados de minério, passavam pela cidade, e o caminho mais curto para que pudessem seguir viagem era passar pela ponte. Para não serem flagrados, os motoristas sempre tentavam passar nas madrugadas e, nesse horário, eu estava muito concentrado nos estudos. Quando eu via, já era tarde, ou seja, eu bobeava e lá estavam dois, três caminhões em cima da ponte.

Eu fechava os olhos, orava forte: "Meu Deus, não deixe essa ponte cair; se cair, eu estou ferrado!". Deus nunca me abandonou, e a ponte nunca caiu.

Nessa época de solidão, eu tirava forças de Deus. Pedia a ele que me desse forças, que não me abandonasse, que me ajudasse a superar todas as dificuldades, os momentos de cansaço, de desespero, de desânimo. Sei que Ele sempre esteve e está comigo todos os dias.

***EM ALGUNS MOMENTOS SERÁ SÓ VOCÊ E DEUS,
MAS, ACREDITE, SERÁ O SUFICIENTE.***

Foi nessa fase que ocorreu um dos episódios mais marcantes e dolorosos da minha caminhada. De serviço na ponte, perdi meu livro, novinho, que ganhei de presente do meu pai. Justamente ele, que não acreditava que os meus estudos fossem render alguma coisa, deu-me um livro para estudar. E mais: o livro tinha custado um valor alto e era totalmente direcionado para concursos.

Eu estava nas primeiras páginas quando, de repente, a viatura da supervisão chegou por trás de mim e o oficial supervisor me viu estudando. Só deu tempo de jogar o livro para o lado. Um tenente que não gostava muito de mim chegou e mandou que eu me recolhesse ao batalhão assim que saísse de plantão. Ele queria que eu cumprisse prisão administrativa até o comandante da unidade chegar.

Meu desespero foi total. Era uma sexta, e eu ficaria preso administrativamente todo o final de semana.

Olhei nos olhos do tenente e falei:

– O livro não é meu, não sei de quem é, e o senhor não pode dizer ou mesmo provar que é meu.

Ele olhou para mim, riu, abaixou-se, pegou o livro e disse:

– Legal, achei um livro!

E o levou.

Naquele dia, eu chorei. O livro significava muito para mim. Era símbolo da minha vida naquele momento. Eu dedicava todo o meu tempo para o estudo. Sabia, tinha certeza mesmo, que meu esforço seria recompensado. Sabia também que a educação pode mudar a vida de uma pessoa. Por isso, chorei, não pelo objeto em si, mas pelo que ele significava para mim. Chorei porque, mais uma vez na minha vida, alguém queria determinar o rumo da minha história, alguém queria me podar e me limitar. E eu aprendi que são nesses momentos difíceis que a gente aprende a se tornar uma pessoa vitoriosa. Dali tirei uma grande lição: seja dono de suas ações. O fraco deixa seus pensamentos controlarem suas ações. Os fortes fazem com que suas ações controlem seus pensamentos.

Você é do tamanho do seu sonho!

Você permite que alguém determine o rumo de sua história?

ESCOLHI NÃO SER QUEM EU ERA; ESCOLHI SER ALGUÉM MELHOR.

Foque nas oportunidades, não nos problemas

Gosto muito de falar de um carrinho que tive, pois ele foi uma ferramenta decisiva em minha vida. Sem ele, eu dificilmente conseguiria alcançar meus sonhos. Ele não era importante pelo valor material, até porque ele não valia praticamente nada, mas porque viabilizava que eu realizasse o improvável no meio do turbilhão que era minha vida.

Em meados de 2003, eu estava muito ruim de grana e tinha ido muito mal no concurso da Polícia Rodoviária Federal (PRF).

Nessa época, meu dinheiro havia acabado e a minha situação estava difícil. Eu era soldado da Polícia Militar do Rio de Janeiro e ganhava cerca de R$ 950. Tinha um monte de empréstimos em contracheque e estava muito, muito enrolado. O dinheiro não dava para nada.

Mesmo endividado, sem dinheiro, eu não parava de estudar. Eu via na minha aprovação a saída para os meus problemas. Eu conseguia estudar apenas aos sábados, o dia todo, no curso preparatório na capital.

Eu não tinha dinheiro para pagar as contas, fazer compras, pagar a mensalidade da van que me levava ao curso e também não tinha dinheiro para pagar os estudos, menos ainda para comprar livros. Problema? Não. Eu buscava a solução, e não ficava valorizando as dificuldades.

Para ter mais renda, eu trabalhava na Polícia Militar, fazia segurança em um restaurante nas madrugadas e em uma empresa de ônibus durante o dia. Ainda achava tempo para trabalhar no táxi do meu pai.

Eu andava a pé, porque tive que vender meu carro por conta de dívidas. Veja minha situação: trabalhava como segurança, morava longe de tudo, a estrada era de chão e, o que é pior, o ônibus não chegava próximo de onde eu vivia. Isso me obrigava a andar uns 4 quilômetros até minha casa.

Eu não podia ficar a pé, então comprei um carro financiado em 36 parcelas, era um Kadet vermelho. Eu pagava R$ 336 de prestação e isso era praticamente o que eu ganhava líquido na PM. Em resumo, eu vivia de fazer "bicos".

Se já estava ruim, piorou. Certo dia, fui levar um amigo para que ele buscasse umas peças para sua motocicleta, em Volta Redonda (uma cidade vizinha de Barra do Piraí). Na volta me perdi em uma curva acentuada, rompi o *guard rail* de uma ponte e caí de uma altura de 6 metros. O carro ficou totalmente destruído. Os amigos da PM que chegaram primeiro ao local acharam que não tinha sobrado nada de mim. Mas acreditem, para surpresa de todos, saí do carro andando e sem nenhum arranhão.

Resultado: endividado e sem carro. Parei de pagar o financiamento do Kadet, parei de pagar minha casa, que estava financiada pela Caixa Econômica Federal (CEF). Eu simplesmente não tinha condições de pagar nenhuma das minhas dívidas. Parei com tudo e fiquei sócio *premium* do SPC e do Serasa.

Gol branco 1988/1989

Um dia após o capotamento, entrei em desespero; achei que não tinha saída. Como viver minha vida sem um carrinho para que eu pudesse me locomover? Carro não era luxo, era material de primeira necessidade.

Você é do tamanho do seu sonho!

Naquela época, eu conseguia viver até sem papel higiênico, dava para viver sem comer, mas não dava para ficar a pé.

Um mês após o capotamento, fui tirar serviço em outro batalhão e achei um colega de farda vendendo um Gol branco 1988/1989. Meu Deus do céu, que carro feio! Estava todo arranhado, os bancos rasgados e o motor soltava uma fumaceira, sem falar que ele não estava com a documentação em ordem. O cara me apresentou um documento do ano de 1992 todo rasgado e não tinha documento de compra e venda.

Mas algo me chamou a atenção: o cara queria vender o carro por cerca de R$ 2.000 e segurava um cheque para 90 dias. Eu, é claro, não tinha dinheiro e também não tinha cheque, pois já estava com o nome sujo. Então, o que fazer?

Achei uma solução prática. Se eu pedisse ao meu pai para me emprestar um cheque nesse valor, ele nem a pau me emprestaria. Por isso, disse a ele que precisava de um cheque para fazer compras no mercado e que não deixaria ser mais do que de R$ 100.

Peguei o cheque e o usei para pagar o dono do golzinho, dizendo a ele para não depositar antes da data combinada. Acredite ou não, eu consegui juntar aqueles R$ 2.000 em 3 meses. Nem me pergunte como. Só sei que, além de tudo que já fazia, trabalhei no táxi até de madrugada.

Com aquele carrinho, entrei de novo no jogo: eu fazia minhas seguranças, conseguia ir e vir do trabalho para casa. Ou seja, a batalha começou de novo e eu estava acostumado com a guerra. O problema não era o documento do carro. Isso eu tentava driblar. A questão era o estado do carro: ele estava desmanchando.

Em uma oportunidade, eu estava indo para o trabalho e parei em um ferro velho de um conhecido meu. Vi uns *kits* de gás natural jogados no canto da loja; para ele, aquele *kit* não era nada, era entulho. Para mim, era um recurso e tanto naquela época. Consegui que o cara o instalasse no porta-malas do meu carro.

O outro problema (sei que estou repetindo a palavra problema, mas nessa época tudo era problema mesmo) era que o cara não estava nem aí para a instalação e colocou o botijão no porta-malas de qualquer jeito: sem suporte, sem braçadeira nem cintas. Soldou-a direto no porta-malas.

Bem, eu tinha ficado todo feliz, pois com R$ 5 de gás natural eu ia para a universidade e voltava, e ainda sobrava para ir trabalhar. Mantive essa situação por uns 3 meses.

Um belo dia eu saí de casa e a rua que dava acesso ao centro da cidade era uma estrada de chão. Como havia chovido um dia antes, a estrada ficou cheia de buracos.

Eu sempre ficava com medo de o gás natural acabar e eu ficar a pé (eu já tinha passado a maior humilhação da minha vida por falta de gasolina). Por isso, eu sempre deixava uma reserva de gasolina no tanque de combustível. Aquele dia era especial, pois eu colocaria R$ 15 de combustível, algo inédito.

No posto de combustível, ao parar para abastecer, o frentista me chamou assustado e disse o seguinte:

– Ô, moço, acho que você perdeu seu tanque de gasolina, pois eu abasteci e caiu tudo no chão.

Eu saí do carro assustado. Quando me abaixei, não acreditei. Realmente, o tanque de gasolina tinha caído na estrada e, como eu estava no gás natural, não havia percebido. O pior é que o botijão do gás natural que estava soldado no fundo do carro estava parecendo um míssil, pois foi ele que forçou o tanque para baixo.

Esse frentista me deu uma solução momentânea que virou permanente: ele me ensinou a colocar umas garrafas pet de 2 litros cheias de gasolina diretamente no carburador do carro e disse para eu comprar outro tanque. Resultado: depois daquilo, eu colocava umas 4 garrafas de 2 litros com gasolina na mala do carro. Pronto, resolvido! Acabava o gás natural, eu colocava a gasolina da garrafa pet na frente do carro.

Você é do tamanho do seu sonho!

Depois disso:

» Quebrou a máquina de vidro do carro. Tranquilo, era só colocar um pedaço de pau escorando o vidro e tudo certo. Chovia, encaixava o pau, fazia calor, tirava o pau. Era precário, mas resolvia bem o problema.

» Os pneus eram o problema mais fácil de resolver: era só rodar devagar quando já estava aparecendo o arame.

» O carro quebrou no meio, literalmente! Sem problemas, coloquei uma travessa de madeira e soldei por cima, a solda serve para isso mesmo.

» A gasolina estava muito cara. Sem problemas, colocava 3 litros de etanol e 1 litro de gasolina. O carro se transformou em *flex*: tossia um pouquinho, mas andava, isso era o mais importante.

Bem, você pode até não acreditar, mas foi o danado do golzinho que me ajudou a estudar nas madrugadas quando eu trabalhava na PM. Ele virou um escritório, repleto de livros e apostilas, e era lá que eu montava meus planejamentos de estudo.

NINGUÉM VENCE NA VIDA SE FICAR NA ZONA DE CONFORTO.

Um dia, fui normalmente para o curso na capital. Aquele dia tinha sido traumático, pois um amigo que estudava para concursos e sempre estava junto comigo tinha sido reprovado em um concurso para o qual ele havia estudado muito.

Na volta do curso, viemos conversando, eu e outro amigo da turma de concurseiros que me acompanhava aos sábados. Ao chegar à nossa cidade, ele foi para o carro dele (uma Parati velha) e eu para o meu golzinho sofridão. Ele girou a chave para ligar carro dele e o carro não pegou; eu girei a chave no meu e adivinhe? Não pegou também.

Como diz o ditado popular: "Nada é tão ruim que não possa piorar." Naquele momento, caiu uma chuva torrencial para derrubar ainda mais o ânimo e o moral e finalizar aquele dia ruim. Resultado: fomos para casa humilhados ao extremo e chorando as mágoas.

Passei uns dois anos com esse carrinho e nos vi sendo deteriorados pela vida dura e corrida. Pensei em tudo, tudo mesmo. Foi em uma noite de sexta-feira, dentro dele, que aprimorei um planejamento de estudo que se encaixou perfeitamente em minha realidade e que até hoje passo para meus alunos.

Sei que pode parecer besteira lembrar essas coisas, mais isso serve para que você tenha uma noção de que o universo não conspira contra você. Não é só a sua vida que está ruim. Tudo é uma fase que vai passar. As coisas boas passam, as ruins também. Isso tudo porque passei tem pouco tempo e, de tudo, de tudo mesmo, só tenho a agradecer a Deus, pois foi Ele que me deu força para não parar de estudar.

Peça somente saúde e força a Ele, porque a dedicação é o caminho para resolver seus problemas.

Você é do tamanho do seu sonho!

Qual é a quantidade de esforço que você dedica na realização de seus sonhos?

Foco, resiliência e êxito

Peço sempre a Deus por meus alunos, mas não peço que eles passem em um concurso, não peço que eles tenham dinheiro ou que tenham uma vida fácil. Peço somente que Deus fortaleça seus corações, para que eles não desistam de seus sonhos. Quem me conhece sabe que choro junto – TODOS OS DIAS – com meus alunos, pois, na verdade, são como meus filhos.

Por esse motivo, nessa fase de preparação, esqueça os filmes tristes, espelhe-se em histórias de vitórias. Pare de festejar, pare com tudo, esqueça o lazer, esqueça o conforto e entre de vez nessa vida – louca – em busca de um lugar ao sol.

Não reclame, não diga que não consegue estudar, pois, mais difícil do que estudar, é acordar todos os dias, por toda uma vida, e ir trabalhar em um lugar onde você não gosta, fazendo algo que odeia e ganhando muito pouco para isso.

Ver seus filhos pedirem coisas simples e você ter que negar, ver sua esposa pedir algo e você falar que não dá, ver seu pai doente e não poder ajudar, passar uma vida inteira comendo o que dá e nunca o que quer, comprando somente o que pode e nunca o que deseja! Isso, sim, que é tristeza.

Quer mudar sua vida e ter sucesso? Seja firme hoje, pois o sucesso é proporcional ao esforço que despendemos todos os dias. Seu futuro só pertence a você, portanto, seja o capitão do seu navio, tome o controle do leme e conduza sua vida: com energia, com firmeza, sem medo de se arriscar, de errar. É errando que se aprende, e aprendendo nos tornamos uma pessoa melhor a cada dia, pronta para construir uma história de sucesso.

Não ache nada difícil, pelo contrário, seja grato por sua saúde, por sua família, pelos amigos e até mesmo pelas dificuldades que tornarão você cada vez mais forte, cada vez mais obstinado. Estude, aplique-se no trabalho; enfim, descubra no que focar e trabalhe duro neste projeto.

Cuide de você e depois cuide das pessoas próximas – assim como um comissário de bordo cuida primeiro de si para, somente depois, cuidar dos passageiros. Incentive seu filho, seu irmão, seu pai, sua mãe, seja a lenha na fogueira dessas pessoas. Isso lhe dará uma razão para ficar vivo. Ficar vivo é ter esperança; tendo esperança você terá força para trabalhar e batalhar por algo grande.

Grandes parceiros até o final

Sabe o golzinho? Então, o carrinho me ajudou até eu tomar a tão sonhada posse. Quando fui nomeado para o Depen, estava totalmente sem dinheiro, liso de tudo. Após ter feito aquele trabalho fantástico usando madeira e solda, o golzinho estava inteiro; inteiro não, mas firme. Ofereci a um amigo da PM que estava ainda pior do que eu. Eu também não acreditava que era possível, mas apareceu alguém que, como eu no passado, achou o golzinho um grande negócio. Mesmo precisando muito do dinheiro, fui firme, ofereci por R$ 800 e disse "Não baixo um centavo; o carro está muito bom e gastei muito tempo nele." Quase tudo verdade. Pronto, o negócio estava feito. Eu o vendi por R$ 800. Paguei R$ 400 em passagem aérea para o Paraná e me sobraram outros R$ 400. Não sei qual sensação foi melhor: viajar de avião pela primeira vez ou vender o golzinho.

Eu e o policial militar para quem vendi meu golzinho mantivemos contato e somos grandes amigos até hoje. Por incrível que pareça, naquela época, o negócio foi bom tanto para mim quanto para ele. Mas a venda do golzinho nos rende boas risadas sempre que conversamos.

PESSOAS ESPECIAIS ENXERGAM, NOS PROBLEMAS, AS OPORTUNIDADES PARA MUDAR DE VIDA

Em meados de 2003, a coisa estava difícil para o meu lado. Eu já estava praticamente no limite. Naquela época, todos me perturbavam e não entendiam o que era estudar para concursos. Conversar sobre esse assunto, então, nem pensar, pois, por mais que eu dissesse que daria certo, ninguém acreditava que um soldado da Polícia Militar do Rio de Janeiro poderia concorrer para concursos federais que estavam com uma concorrência de 400 candidatos por vaga.

Esse ano foi especialmente difícil, porque eu estudava há muito tempo e fui fazer o concurso da PRF. Havia 2.200 vagas e chamariam 6.600 para a fase seguinte. Isso mesmo, incríveis 6.600. Bem, fiquei de fora dessa multidão e nem mesmo sei explicar o porquê. Fiz a prova confiante e muito tranquilo; respondi às questões com lucidez, tudo dentro do tempo, sem correria. Ao final da prova, saí tão confiante que nem mesmo quis guardar a prova para conferir as questões. Quando chegou o dia de ver o resultado, não acreditei. Não era possível que meu nome não estivesse entre os aprovados. Olhei em ordem alfabética. Olhei de trás para frente. Olhei se tinham escrito meu nome com H, com W, com I e nada. Tinha sido reprovado e não sabia explicar como. Que sensação ruim! Parecia que tinham matado alguém e sumido com o corpo.

Dessa experiência aprendi o seguinte:

***QUANTO MENOS PESSOAS SOUBEREM DA SUA VIDA
E DOS SEUS PROJETOS, MAIS FELIZ E
BEM-SUCEDIDO VOCÊ SERÁ.***

Depois daquele baque, prometi a mim mesmo que me fecharia no meu mundo e me trancar no cantinho de estudos. Meus amigos seriam os livros (que droga, eu tinha um monte de livros que, se juntasse tudo, não dava um!). Se eu tivesse o apoio de um curso na época, muito sofrimento e sensação de tempo perdido não teriam acontecido.

Parei com os paradigmas de que "aquele" seria o meu concurso e resolvi me dedicar a uma base em que 85% da matéria alcançasse um grupo de concursos. Escolhi as carreiras policiais e me finquei em uma base de dez matérias. Quando saía o concurso, eu adaptava aquelas matérias extras. O pior era que nessa época eu me perdia direto nos estudos.

Ainda em 2003 desenvolvi o plano de estudo que passei a seguir fielmente:

» estudava duas matérias por dia, fazendo exercícios no final;
» aos sábados, eu fazia redação;
» aos domingos, eu mesmo adaptava meus simulados fazendo provas anteriores.

Nada profissionalizado como temos hoje, mas, com muito esforço, consegui acertar o pé.

Depois que eu acertei minha metodologia de estudo, a coisa fluiu. Foram inacreditáveis – pela minha situação na época – 12 aprovações em concursos públicos.

Espelhe-se em pessoas de sucesso

Quero que se espelhem em quem passou recentemente estudando conosco.

Pare de tentar estudar em 2, 3, 4 cursos preparatórios ao mesmo tempo. Escolha sua bandeira e vá até a sua aprovação, pois ninguém pode enganar você por muito tempo, ou seja, quando você estuda exclusivamente em um curso preparatório e depois vai fazer a prova, é fácil identificar se o erro foi seu, por não ter estudado de forma correta ou suficiente, ou se a falha foi na didática e orientação do curso que fazia. Isso é fato, e contra fatos não há argumentos.

Não conte para as outras pessoas sobre seus projetos. Contar a outras pessoas trará uma pressão desnecessária a você, além de despertar a inveja e as consequentes opiniões e comentários indesejados. **Simplesmente faça.**

Mantenha-se motivado. Para isso, procure estar perto de pessoas que "encham seu copo", que queiram ser grandes, assim como você, e filtre o que chegará até você. Veja e ouça o que lhe faz bem. Desconsidere os conselhos e comentários maldosos ou sem critério. Para alguém falar do que você vive e sonha, tem que ter autoridade no assunto.

Esteja ciente de que, antes de ser feliz, você sofrerá. E sofrerá em uma intensidade que nunca pôde imaginar na sua vida. Mas, depois disso, a felicidade, as viagens, sua casa, seu carro, enfim, sua vida voltará de uma forma muito, muito mais feliz, melhor do que imaginou que poderia ser.

Todo mundo quer ir para o céu, mas ninguém quer morrer antes.

Você é do tamanho do seu sonho!

Em que momento de sua vida o êxito foi consequência de sua persistência?

QUANDO TEMOS UMA MISSÃO, NÃO EXISTE CAMINHO DIFÍCIL. SÓ É DIFÍCIL QUANDO FALTA UM PROPÓSITO.

Depen - "O jogo só termina quando acaba"

Em 2004, eu havia caído no concurso da Polícia Rodoviária Federal e no concurso da Polícia Federal. Desde então, eu me preparava para o novo concurso, mesmo sem ter a perspectiva de um edital próximo.

Naquela época, ocorreu o concurso que simplesmente mudou minha vida, projetou-me a nível nacional e impulsionou-me à construção de uma empresa que vive todos os dias para os alunos.

Estava no oitavo ano de estudo para concursos e as derrotas e as decepções iam moldando meu caráter. Tinha o sonho de ser policial federal e minha preparação era para isso.

No início de 2005, saiu o edital para agente penitenciário federal. O dia do concurso chegou, e a banca examinadora (Cespe/UnB) simplesmente inovou e colocou o concurso para começar às 15 horas. Pense bem. Imagine uma prova, no calor do Rio de Janeiro, ocorrer às 15 horas.

No dia da prova, tudo ocorria normalmente. Como eu sempre digo aos meus alunos: merdas acontecem. É, digo isso porque sei muito bem o que é dar tudo errado. Eu me preparava para ir ao local de prova quando recebi um telefonema de que meu pai havia sofrido um acidente grave de carro. Tinha caído em uma pirambeira na estrada entre Barra do Piraí e Conservatória. Eu precisava escolher: ou ia ver meu pai ou fazia a prova. Decisão: o amor pela minha família falou mais alto. Fui atrás do meu velho.

Parece um desastre? Depende do ponto de vista. Foi nesse dia que descobri que a amizade, o companheirismo, os amigos, a família, tudo isso é mais importante do que qualquer coisa material. Um amigo que faria a prova comigo desistiu do concurso e foi comigo ajudar meu pai. Nesse momento eu entendi que você é eternamente responsável pelas pessoas que você cativa, como diz o Pequeno Príncipe. Entendi o quão é importante ter pessoas boas a sua volta.

Quando fizemos o concurso para o Depen, em 2006, no Unisul em Bonsucesso/RJ, eu tinha combinado com o Evandro de irmos fazer a prova juntos, pois éramos vizinhos.

Marcamos de ele passar na minha casa às 11h da manhã; quando foi 10h30 o Evandro bateu no portão da minha casa desesperado, atendi e vi que ele estava com o rosto branco. Ele me falou que o pai havia sofrido um acidente de carro na estrada de Conservatória. Eu me arrumei rápido, peguei meu carro e fomos para o local ver o que tinha acontecido de fato.

Chegando ao local do acidente, logo vimos o carro do pai dele no fundo de uma "pirambeira", a mais de cem metros, completamente destruído. Seu pai dele ficou vivo por um milagre. Acompanhamos o resgate e o transporte para o hospital, retiramos o carro do buraco e arrumamos um guincho para rebocá-lo até uma oficina. O Evandro falou comigo: "Thiago, e o concurso? Como você vai fazer?" Eu respondi: "Irmão, não esquenta a cabeça. Vai vir outro concurso, aí gente faz. Vamos agilizar as coisas do seu pai."

Perdemos o concurso e fomos à Santa Casa de Barra do Piraí, onde o pai dele já estava internado. No decorrer desse tempo, o Evandro ficou sabendo que o concurso havia sido adiado por suspeita de "fraude" e veio feliz me informar sobre o adiamento e que teria uma nova data de prova. De fato, foi confirmado e

Você é do tamanho do seu sonho!

fizemos a prova desse concurso e o Evandro logrou êxito em passar. Foi onde começou de fato sua jornada de sucesso, que o levou até onde está hoje, rumo ao sucesso que ele merece.

Thiago Baylão – policial civil do Espírito Santo

Quando tem que ser seu, até o improvável acontece!

Depois de socorrer meu pai, fiquei sabendo, no mesmo dia, que a prova para o Depen havia sido cancelada por fraude. Quase não acreditei. E mais: no mesmo ano saiu a outra prova para esse concurso. Eu já estava calibrado no estudo; já estava calejado e preparado tanto para o êxito quanto para a queda; sabia que era só uma questão de tempo. Continuei a preparação e fui fazer a prova, sentia que a aprovação estava mais perto. Fiz o meu melhor e consegui ser aprovado. Passei na prova escrita, que alívio.

Fiz todas as etapas posteriores e passei por todas as fases. Ufa!

Agora sim: aprovado no Departamento Penitenciário Federal. Deu certo. As incertezas e dúvidas tinham ficado para trás. O esforço, enfim, seria recompensado. E agora? Parar de estudar e esperar a nomeação? Não! O mais legal era que, mesmo aprovado, mesmo cheio de problemas, mesmo cheio de dívidas, eu não parava de estudar por nada. Em março daquele ano saiu a primeira convocação para o concurso e eu tinha ficado fora, ou seja, sobrei para segunda turma.

Tudo bem... O importante era estar aprovado, não é? Bem, essa é a teoria, o difícil foi dizer isso para mim, pois fiquei seis meses esperando para a convocação da segunda turma. Nesse meio-tempo, eu acompanhava tudo de perto: como era o curso, onde se trabalhava, os relatos, enfim, tudo o que me fazia visualizar um futuro melhor, e eu saboreava isso de uma forma muito intensa.

Os meses foram se passando. No mês de agosto, fomos convocados. Porém, ocorreu algo incomum. Não fomos simplesmente convocados para o curso de formação, seríamos "nomeados" para o curso de capacitação. Isso mesmo! Por um erro no edital, tivemos que ser nomeados, empossados e colocados em exercício já no curso de formação. Mas antes de ser nomeado, ainda passei por mais um susto, para testar minha resistência e determinação.

Assim que fui nomeado no Depen Federal, tive de ir direto a Cascavel. Tudo certo? Não. Eu achava que as coisas já estavam nos seus devidos lugares. Uma semana depois que cheguei ao Paraná, algo inusitado me abalou. Deveríamos esperar durante a primeira semana para entregar os documentos e tomar posse. O que eu não sabia é que o tal exame médico oficial no ato da posse era mais chato do que parecia. No dia do exame, minutos antes de assinar o ato da posse, eu estava bem feliz e destruído (isso mesmo, destruído!).

Instrução no Curso de Formação do Depen.

Quando eu havia chegado a Cascavel – cidade vizinha a Catanduvas –, tinha somente R$ 300 no bolso. Fiquei hospedado em um hotel bom, mas já com a ideia fixa de ficar somente uns dois dias e depois achar um lugar para ficar. Nesse hotel, encontrei uma das pessoas mais fascinantes de que já tive notícia. Era um goianinho baixinho, superinteligente e que tinha acabado de derrubar uma pizza na única coisa de valor que eu tinha: uma mala novinha que minha mãe tinha comprado para mim.

Pensem só, no dia em que ele me conheceu, literalmente "lambuzou" minha mala e, para ajustarmos isso, saímos e tomamos umas cervejas para relaxar. A amizade foi imediata.

Voltando ao dia da posse. Cheguei cedo à penitenciária federal em Catanduvas, e fomos fazer o exame antes do ato de posse. Era algo simples: o médico pedia os exames, nós apresentávamos e ele media nossa pressão arterial. Coisa simples, não é? Errado, a enfermeira verificou minha pressão, olhou para o médico e disse: "Doutor, ele tem pressão alta!" O médico olhou para mim e disse que aquilo me reprovaria. Meu mundo desabou. Depois de anos, depois de largar tudo e perder tudo, eu seria reprovado nos 45 minutos do segundo tempo?

Entrei em choque e argumentei que era policial, que corria, que lutava Judô, enfim, que aquilo só poderia ser um erro. Ele, então, pediu-me um exame complementar de esforço físico. Saí desesperado, e fui até uma clínica no centro de Cascavel. O problema era o valor absurdo do exame e eu não tinha como pagar. Entrei na sala do médico, expliquei a situação e, para minha surpresa, ele disse: "Filho, tranquilo, paga com chegue para 60 dias!"

Legal, mas que cheque? De quem? Olha, só por Deus mesmo, nem me pergunte como, só sei que apareceu uma "alma" que encontrou outras que estavam na mesma situação. Alguém deu um cheque para várias pessoas. Enfim, no final, Deus me deu a mão. Deu tudo certo, fiz os exames complementares e consegui tomar posse. Uma semana depois, estávamos em Brasília fazendo o curso de capacitação e, um mês após, veio minha primeira remuneração.

Resumo: aprendi, literalmente, que "o jogo só termina quando acaba", e o concurso só está resolvido quando assinamos o termo de posse.

O legal é que a posse foi dada no Paraná (Catanduvas) e nos levaram para fazer o curso em Brasília. Isso significa que, porque saímos da sede, tivemos de receber diária.

Nessa altura do campeonato, a nossa remuneração já estava chegando a R$ 5.000. Eu nem acreditava. Havíamos feito um concurso com valor no edital de R$ 2.800 e pouco, e agora estávamos recebendo quase R$ 5.000. Resumo: o Governo Federal é um pai, certo? Errado, ele é uma mãe, pois, além de praticamente dobrar nossa remuneração, ainda nos deu a oportunidade de ganhar diária! Imagine um cara que ganhava R$ 950 de valor bruto e, de uma vez só, recebe mais de R$ 7.500 por mês.

Na boa, os primeiros meses foram mágicos. Essa grana caía todos os meses e eu economizava o que conseguia. Não viajava, não comia nada caro, não esbanjava nada, simplesmente segurava tudo o que podia. Quando saí de Brasília, consegui comprar o primeiro carro decente da minha vida (um Astra 2000). Caramba, que bacana! O carro tinha ar-condicionado, vidro elétrico, direção hidráulica e tudo mais. A primeira coisa que fiz foi pegar a estrada ao final do curso e partir para buscar minha esposa e minha filha, que tinham ficado em Barra do Piraí.

Nem esperei amanhecer. Viajei a noite toda e cheguei no final da tarde. Fui direto ao salão de beleza falar com minha esposa, que era manicure. Cheguei de supetão, não liguei, não avisei, nada, somente cheguei. Tente imaginar isso acontecendo com você. É isso mesmo, foi algo surreal. Três meses e meio antes, eu havia saído sem nada, sem dinheiro, sem casa, sem carro. Agora, estava voltando como servidor público federal, com um carro de verdade, com esperança e o melhor: bem-sucedido!

Peguei minha esposa, minha filha, nossas malas e muitas esperanças e partimos rumo ao Paraná.

O sonho era meu, mas a realização era de toda família, que tinha acompanhado minha luta, visto e vivido minhas quedas e decepções. E agora desfrutaria do sucesso.

Foco, resiliência e êxito

Família Guedes.

Meu pai, para mim, é um exemplo de força, de caráter, de pessoa! Graças a ele nossa família tem tudo o que é melhor, mas nem sempre foi assim...

Eu me lembro de alguns momentos, não muitos já que eu era muito pequenininha, no entanto os essenciais ficaram guardados em minha memória. Havia uma cachoeira em que sempre íamos juntos quando queríamos ficar sozinhos, eu, papai e Perla (nosso pitbull, que infelizmente tivemos de deixar quando viemos para Cascavel), descobrindo um lugar totalmente novo. Para mim, como eu era muito nova, aquilo era o mais longe a que chegaríamos. Quando paro para pensar e vejo tudo o que crescemos, sempre juntos, com muito amor e perseverança, eu me encho de uma felicidade sobre-humana.

Se não fosse meu pai, nós não teríamos todo o conforto e a condição de vida atual. Por isso, com certeza, gratidão é a palavra certa para descrever o que sinto pelo meu pai.

Parabéns por mais uma das inúmeras conquistas que ainda estão por vir. Meu amor por ti é infinito, você é motivo de muito orgulho para mim, minha mãe (Tati) e meu irmão (Danilo).

Yasmim Santiago Bueno Guedes – filha de Evandro

Foco, resiliência e êxito

Como você lida com imprevistos e surpresas?

**DUAS PESSOAS PODEM
OLHAR PELA MESMA JANELA
E TER PERSPECTIVAS
DIFERENTES.**

Eu odeio ser normal

Em agosto de 2006, tomei posse no Depen. Eu já estava trabalhando no Departamento Penitenciário Federal, mas confesso que não era o que eu gostaria de fazer. O sonho de ser policial federal permanecia. Continuei meus estudos e passei a me dedicar aos concursos da Polícia Rodoviária Federal e Polícia Federal.

Eu sempre tive em mente não parar de estudar até alcançar meus sonhos. Eu dividia meu tempo em trabalhar no plantão de 24 horas, fazer faculdade de Direito – o antigo sonho de meu pai – e estudar para o meu concurso. Comecei essa jornada em 2007. Esses anos foram "secos" de concurso na área policial, mas nada poderia me desanimar. Afinal, levei 8 anos para passar no primeiro concurso.

Evandro em palestra do Fábrica de Valores, na Bahia.

Fiz um plano de estudo infalível, que consistia basicamente em dividir as matérias do edital anterior, estudar duas matérias por dia e fazer exercícios de todas as matérias. O único problema é que eu não tinha apoio de um curso preparatório. Para quem é concurseiro, o difícil não é estudar, o difícil é separar as matérias corretas e os exercícios de referência. Por isso, nesse ponto, um curso de boa qualidade faz toda diferença.

O ano de 2008 chegou e, com ele, a expectativa do concurso que eu projetava para a época. Estudava bastante as matérias básicas, e as específicas só reforçava com exercícios. Minha base era muito boa, e o importante era estudar com mais afinco o que eu tinha menos conhecimento e fazer somente exercícios do conteúdo que eu mais dominava.

Fui levando esse plano de estudo até o dia da prova. Nesse ano, saiu o concurso para vagas nos estados do Mato Grosso e Pará. Escolhi Mato Grosso, o estado que tinha menos vagas. Eram previstas 146 vagas em edital.

O edital veio com aquilo que eu estava prevendo. Assim, ficou bem fácil adaptar as mudanças para estar de acordo com o edital. Foi nesse concurso que usei a teoria dos 10 últimos dias pela primeira vez. Essa teoria – fui eu mesmo que a criei – consistia em juntar todos os exercícios que eu já havia feito e todos os simulados e juntar tudo em uma apostila. Depois disso, eu passei os últimos 10 dias revendo quantas vezes fossem possíveis somente os exercícios que já tinha feito. Na prática, era para não deixar nada passar no dia da prova.

O dia da prova chegou. Sairíamos de Cascavel, no Paraná, à noite e faríamos a prova em Campo Grande/MS, mesmo as vagas sendo para o Mato Grosso. Quando estávamos dentro do ônibus fretado, recebemos a notícia de que o concurso foi suspenso. Aqui, nesse momento, vale ressaltar que uma suspensão de concursos nos 45 do segundo tempo é muito normal quando falamos da estrutura brasileira.

Para dizer a verdade, eu até gostei, pois quanto mais tempo tivesse para estudar, melhor. O tempo foi passando e eu continuei forte minha preparação.

O dia do novo concurso chegou. Fiz a prova. Consegui tirar algumas lições e pude reunir os principais erros que cometi.

» **1º erro: não conhecer o local em que eu faria a prova**

Cheguei a Campo Grande/MS um dia antes do concurso. A viagem foi longa e eu estava morto de cansaço. Ficamos em um hotel horrível e o ar-condicionado não funcionava, ou seja, dormi extremamente mal. No dia seguinte, cheguei cedo à faculdade em que a prova seria aplicada. Quando fui comer algo, fiquei surpreso, pois só havia lanches. Como não havia outra possibilidade, comi um sanduíche e tomei um refrigerante. Resultado: passei um desconforto incrível no momento da prova.

» **2º erro: não estar familiarizado com o estilo de prova**

Eu vinha me preparando há muito tempo para as provas do tipo padrão da banca Cespe/UnB, com aquelas questões que você coloca "certo", "errado" ou simplesmente não marca. Quando peguei a prova, a formatação era de oitenta questões com cinco alternativas cada. Comecei a fazer a prova como sempre treinei. Primeiramente fiz a redação (que ficou ótima, fiz 18,60 de 20 pontos possíveis) e depois fui para as matérias específicas. Agora, imagine fazer uma prova num calor infernal e pingando de suor. Até aí tudo bem, pois, se estava ruim para mim, estava ruim para todo mundo.

» **3º erro: não controlar o tempo**

Todo mundo que faz uma prova sabe que os últimos 30 minutos devem ser reservados para passar as respostas para o gabarito. O legal é que nesse dia não me atentei para isso. Ouvi o fiscal de prova dizer: "Faltam 30 minutos!" Aí, meu povo, não tem jeito, bateu o desespero. Ainda faltavam umas 10 questões para serem resolvidas. Parti para a correria e a concentração foi embora.

» **4º erro: cuidado ao marcar o gabarito**

Com o tempo terminando, parei de fazer a prova e fui marcar o gabarito. Resultado: mandei três questões erradas para o gabarito e tive que chutar as outras dez. E só ganhei uma.

O resultado disso foi minha classificação para as outras fases (médico, físico e psicotécnico) fora das vagas. Na verdade, depois disso tudo ainda fui aprovado, mas em antepenúltimo. Acredito que tenha sido uma obra de Deus. A primeira turma entrou logo no início de 2009 e fui efetivamente convocado em 2011, quando o Alfa Concursos já estava bem grande e meus planos já eram outros. Se não tivesse mandado três questões erradas para o gabarito, teria sido chamado na primeira turma. Muita coisa na minha vida teria sido diferente naquela época e, consequentemente, no que viria a seguir.

Na prova de 2008, aprendi que não é você que escolhe o concurso da sua vida, ele simplesmente acontece. Crendo nisso, tire o peso e a pressão de ter que passar nesse ou naquele concurso. Ele não será o último. Dedique-se. Faça a melhor prova que puder fazer, dando o seu máximo e confie.

Experiência própria: quando falhar em um concurso, tenha em mente que outros melhores virão. Deus tem planos muito especiais para aqueles que acreditam e trabalham duro para a realização de seus sonhos. É preciso, sim, ter paciência e lutar pelo próprio futuro, pois ninguém fará isso por você. Mas faça isso dando crédito e tempo a você.

Penso que ser forte e bem-sucedido na vida é uma questão de escolha pessoal, de atitude, e não predisposição natural. Conheço meninos e meninas geniais que escolheram caminhos errados e conheço milhares de pessoas que, assim como eu, possuem várias limitações e fizeram desses problemas grandes oportunidades para vencerem na vida. Reclame menos, dedique-se e estude mais: verá que grandes coisas acontecerão em sua vida.

Acredite: nossa força não está no que podemos fazer hoje, mas, sim, na capacidade que temos de superar as derrotas e continuar lutando. Recomece, reajuste, refaça, reorganize quantas vezes forem necessárias; mas não desista. Só chega lá quem continua. E não basta continuar por continuar. Tem que continuar até o final, levando o tempo que for preciso, passando pelo que for necessário. O sonho só acaba quando você desiste.

Eu odeio ser normal

Você tem paciência para lutar pelo próprio futuro?

A VIDA NÃO DÁ PRESENTES,
DISTRIBUI MERECIMENTOS.

PRF 2009 - "O bom é inimigo do ótimo"

As aulas no curso começaram. Meu maior problema era conciliar o plantão na penitenciária federal com o trabalho administrativo do AlfaCon, mais coordenação, mais ministrar as aulas.

Eu dividia meu tempo entre estudar para o concurso (afinal de contas, eu também queria fazer o concurso da PRF), meu plantão no Depen, administrar o curso e dar aulas e, ainda por cima, não podia me esquecer da família.

Os meses foram se passando e, em 27 de julho de 2009, saiu o edital da Polícia Federal. Meu Deus, eu estava com pouco mais de três meses de trabalho com uma turma pequena e que nunca tinha estudado para concursos. Tive que ser sincero – como faço até hoje – e dizer a eles que esse concurso era somente para teste, que outros viriam e que não se passa em um concurso da noite para o dia. O legal foi que a publicação desse edital animou alguns outros alunos e conseguimos uma turma de mais ou menos 35 alunos.

Não deixei a turma se perder e foquei nas matérias comuns aos cargos de PF e PRF, pois o edital da PRF estava previsto para sair no final daquele ano. As matérias específicas da PF eu planejava para os sábados – manhã e tarde – e deixava os domingos para exercícios e simulados. O difícil aqui foi convencer os alunos de que eles tinham que estudar de segunda a domingo, fazer o curso e ainda se dedicar às tarefas de casa.

Para minha surpresa, acordei um dia bem cedo, como sempre, acessei a internet e quase caí duro ao ver o edital da PRF publicado no dia 12 de agosto daquele ano. Meu Deus do Céu! Eu tinha uma turma pequena e iniciante no presencial e dois concursos de peso na minha frente. Quem me conhece sabe que não me apavoro em situações extremas. Arregacei as mangas e fiz um plano simples que consistia em cinco pequenos passos:

» **Passo 1:** fazer o simples que sempre dá certo, até porque não dava tempo de complicar as coisas.

» **Passo 2:** já que eu faria os dois concursos, resolvi utilizar minha metodologia: conseguir controlar o que está sendo estudado e revisava todos os tópicos mais relevantes cobrados pela banca examinadora.

» **Passo 3:** coloquei na cabeça dos alunos que o foco era a PRF, pois o concurso era a melhor chance que eles tinham que passar. Fiz isso pela minha experiência: saber que a abordagem é diferente para cada concurso.

» **Passo 4:** confinei os alunos (pelo menos os que aceitaram) no curso. Estudar de segunda-feira a sexta no período da noite as matérias regulares do edital; sábado de manhã, à tarde e à noite somente exercícios; aos domingos, revisar a matéria pela manhã e fazer simulados à tarde.

» **Passo 5:** tirar os últimos 10 dias para rever somente os exercícios feitos no período de preparação, nada novo. Isso deu um trabalhão, pois tive que compilar tudo em um único arquivo que, na verdade, virou uma apostila. Eu dei o nome a isso de "Sprint dos últimos 10 dias".

No dia da prova da Polícia Federal, viajei com os alunos que fariam essa prova. Conversei muito com eles e expliquei que aquele ainda não era o concurso deles e que seria somente uma boa preparação para a PRF. Na verdade, o que eu realmente queria colocar na cabeça deles era que a aprovação viria somente nos próximos anos, que demandava tempo, paciência e dedicação. Tudo seria possível se tivéssemos obstinação em nossos corações, objetivo e foco em nossas mentes.

Como eu já esperava, nenhum dos alunos passou na prova. O que os estimulou a continuar foi a minha aprovação. Isso mesmo, eu fiz 83 pontos no concurso de escrivão de Polícia Federal. Minha aprovação deu ainda mais autoridade às minhas palavras e fez com que os alunos confiassem ainda mais no que eu falava, planejava e organizava para eles. Tomaram como verdade o que eu tinha falado sobre concursos. Nessa época, a minha mente e meu coração batiam em um só sentido, que era fazer meus alunos serem aprovados. Não assumi o cargo e não assumiria nenhum outro para o qual fosse aprovado. A função de ir junto e fazer as provas era, e ainda é, somente para provar que é perfeitamente possível passar quando estudamos de forma correta e com dedicação intensa.

Depois dessa prova, o foco continuou firme no concurso da PRF. Montei um plano de estudo arrojado e coloquei na mente deles que tínhamos de aprender a fazer a prova da banca Cespe/UnB. Os simulados eram semanais e, a cada semana, o rendimento da turma melhorava, mas não era o suficiente, devido ao tempo de estudo que eles tinham.

Eu precisava passar mais tempo junto com os alunos, e o plantão de 24 horas estava me quebrando. Isso porque, além de administrar tudo no curso, eu tinha que dar aulas de Direito Administrativo e Direito Penal. Era muito importante ainda incentivar os demais professores no sentido de fazê-los render o máximo possível nas aulas.

Fiquei de licença no Depen por 30 dias antes da prova. Então, pude me dedicar 100% aos alunos. Em caráter de emergência, coloquei aulas de exercícios dos conteúdos mais complexos na parte da tarde e deixei por conta dos alunos o que era somente decoreba, ou seja, textos de lei.

Sempre faça um pouco mais do que acha que consegue

Fiz tudo o que estava ao meu alcance. Viajei e fiz a prova com eles, mas não fui aprovado. E aí veio a inevitável pergunta: onde foi que eu errei?

Não errei com os alunos, pois determinei que todos deveriam estudar todas as matérias, pois conteúdos como Física eram novos, e o edital previa um percentual mínimo por matéria. Cobrei muito de todos eles, cobrei forte, contudo, eu mesmo não me dediquei a esses conteúdos por falta de tempo. Fiz o concurso e minha nota na prova objetiva me colocaria nas primeiras posições, só que não tirei a nota mínima exatamente em Física, ou seja, mesmo com uma nota alta, fui reprovado na prova objetiva.

O erro crucial foi:

» estudar somente as matérias de que eu gostava mais e as que se sabia mais;

» deixar de lado matérias que parecem sem importância.

Dependendo do edital, as matérias que julgamos sem importância transformam-se em matérias fundamentais. E sei que muitos alunos cometem esse mesmo erro. Tento mostrar sempre isso a quem estuda para concursos. Todas as matérias são importantes, todas devem ser estudadas. Não é para escolher aquela com a qual se tem mais afinidade. São as mais difíceis, especialmente as básicas, que garantem a aprovação.

O legal daquele concurso é que dali saíram vários alunos aprovados, que juntos construíram suas próprias histórias, um futuro diferente e puderam ser parte de algo que eles se orgulharão pelo resto de suas vidas.

PRF 2009 – "O bom é inimigo do ótimo"

Em que ocasiões de sua vida mente e coração batem em um só sentido?

"SÓ VIVE O PROPÓSITO QUEM SUPORTA O PROCESSO".

Pastor Levi Barros

O outro lado da história

Já ouviu falar que tudo na vida tem um lado bom e um lado ruim? O ano de 2009 foi dividido entre a minha dedicação insana aos alunos e a problemática que isso gerou na minha vida pessoal. Nessa época, fiquei praticamente cego e só queria saber de dar aulas e estudar. Eu já estava naquele pique louco desde 1998 e não queria parar por nada.

Meu erro nessa época foi não trazer minha esposa e minha filha para o universo maravilhoso que eu estava vivendo. Tente imaginar como fica a família do cara que fica "enterrado" dentro de um colégio, de segunda a sexta e todos os fins de semana, trabalha no serviço público e estuda feito louco em casa.

Costumo não dar conselhos, até porque acredito mais em testemunho de vida do que simplesmente em palavras. Mas o momento pede uma reflexão.

Não afaste a família dos seus projetos. Agregue valor a ela, explicando o quão importante será para a vida de vocês quando você for aprovado, o quão maravilhoso será poder comprar o que se quer e não somente o que dá para comprar; poder comer o que se deseja e não somente o que o curto dinheiro de hoje pode comprar. Enfim, família é tudo e deve sempre estar presente, seja nos momentos alegres ou nos momentos difíceis.

Posso dar esse testemunho com propriedade, pois minha busca desenfreada quase acabou com meu casamento e com a minha família. Graças a Deus, deu tudo certo. Minha fiel companheira conseguiu captar a ideia e me resgatar, e devo isso integralmente a ela.

Você é do tamanho do seu sonho!

Daí tirei uma grande lição: **para que um sonho seja realizado, é preciso ter alguém que acredite que ele pode ser realizado**. Um homem com sonhos precisa de uma mulher com visão. E isso a Tati tem de sobra, pois entende meu sonho e acredita nele!

Não foi fácil. Começamos a nos relacionar quando eu tinha 15 anos. Namoramos por dois anos e, num belo dia, descobri que estava grávida. Foi um susto; claro que foi. Porém, a descoberta da gravidez nos trouxe a responsabilidade de sermos pais tão novinhos. Resolvemos (principalmente por causa da determinação do Evandro) fazer tudo certo, conforme manda a lei.

Nós nos casamos no dia 7 de outubro de 2000, com a bênção de uma amiga da família e com juiz de paz em um clube de Santanésia (cidade vizinha a Barra do Piraí). Depois disso, caiu a ficha da responsabilidade e do compromisso de família.

Tati, companheira eterna.

Não foi nada fácil no início, mas nossa família (pais e pessoas próximas) nos ajudou com tudo, ganhamos tudo no casamento. E não era só o enxoval do casal, era também o enxoval da nossa princesa Yasmim, que estava na minha barriga. Moramos ao lado da casa dos meus sogros (em três cômodos: sala, cozinha e quarto); o banheiro ficava dentro da casa da minha sogra. Ficamos lá por três anos.

Sempre destemido, o Evandro encarou um financiamento e comprou nossa primeira casa em um conjunto habitacional em Barra do Piraí (Vale do Ipiranga). Lá foi onde começou a estudar para concurso público na esfera federal, abdicou de muitas coisas, inclusive de participar do desenvolvimento da Yasmim. Eu não entendia isso, e muitas vezes briguei, "embirrei", como ele diz. Mas nada foi em vão.

Em 2006, depois de muitas idas e vindas nos sábados para a capital, muitas quedas em concursos anteriores, Evandro conseguiu sua aprovação no concurso do Depen, depois de um longo ano em que fez uma prova escrita e participou das outras fases do concurso (e quem estuda sabe que não são poucas). Quando olhamos o mapa do Brasil na casa da minha cunhada, não imaginávamos que uma cidade no "meio do nada" (Cascavel/PR) nos daria tudo o que temos hoje. Nós nos tornamos cascavelenses de coração.

FAMÍLIA É TUDO. É O FAROL QUE LEVA VOCÊ PARA CASA NOS DIAS DE TEMPESTADES.

Temos muitas histórias para contar. Uma vez, tivemos que empurrar o carro por falta de gasolina. Quando chovia forte, molhava a cama, devido a um furo no teto do quarto. Tinha um gato que comia as frutas de casa, porque não havia vidros na cozinha. Já tivemos de tirar lama da frente da casa. Algumas vezes tivemos que comer na casa dos cunhados Mônica e Alexandre. Esse casal foi e é muito especial para mim, sendo uma das minhas referências. Mesmo com a distância, não me esqueço de tudo o que já fizeram por nós.

Quando o Evandro foi aprovado, imaginei: bem, agora ele vai parar e vai viver exclusivamente para nós, eu e Yasmim. Eu me enganei bonitinho.

Em 2009, começava a maior responsabilidade que Deus nos deu: o Evandro assumiu a direção do Alfa Concursos Públicos. Todo tempo livre dele, folgas, feriados, finais de semanas, passava dedicando-se para o crescimento do curso presencial. Ele ia atrás de alunos e vivia em busca de formas para tentar garantir a aprovação deles. Em cada concurso, provava-se que o Evandro estava no caminho certo, mas isso só entendi com o tempo.

Em 2012, depois de muitas brigas, novamente Deus me tocou e disse: "Filha, caia para dentro, senão seu casamento vai acabar." Não hesitei e segui os Seus conselhos. Uma semana depois, o Evandro, em uma conversa por telefone, me perguntou: "Tati, você quer trabalhar no Alfa?" No início, fiquei em dúvida, receosa de trabalhar no mesmo local que meu marido. Comecei fazendo call center e, como me dediquei por dez anos para cuidar da Yasmim, não sabia nada de computador, muito menos de Excel. Aqui não posso esquecer e agradecer a Franciele Lima, com quem aprendi tudo o que sei até hoje. Fui crescendo na empresa com meu esforço e dedicação, onde trabalhei por oito anos. Hoje acompanho o Evandro em palestras e eventos pelo Brasil afora. Eu me apaixono a cada edital aberto, a cada família que traz seu filho e o confia a nós, a cada aprovação no longos desses 4 anos, a cada história de vida, a cada evento em que vejo como estamos grandes.

Todos os dias agradeço a Deus por tudo o que passamos, e não há forma melhor de retribuir esse amor a não ser espalhando a esperança para a multidão de alunos que seguem e ouvem meu esposo com suas motivações diárias, planejamentos de estudos e, também, muitos puxões de orelhas, como ele mesmo diz:

– A verdade dói só na hora. A mentira dói para sempre!

A família ficou completa quando o Danilo chegou.

Todos os dias aprendo com o Evandro a olhar a vida com outros olhos e a pensar que poderíamos estar na mesmice que o local onde nascemos nos oferecia. Aprendo a amar os outros na mesma proporção que me amo!

Hoje podemos desfrutar também de conquistas de que não abrimos mão, como passar os finais de semana juntos e desfrutar do nosso refúgio, que é nossa casa em Boa Vista da Aparecida, onde recarregamos nossas baterias.

Agradeço a Deus por ter me dado paciência para esperar e, acima de tudo, confiar, pois todo tempo de dedicação não foi em vão. Obrigada, meu amor, Vando, como assim o chamo, pai dos meus filhos, meu amigo, meu pescador preferido e, muitas vezes, meu pai também. Amo você e estou junto até o fim!

Tatiana Guedes

Aqui, preciso fazer uma pausa. Sinto-me na obrigação de mostrar o quanto a família é importante na vida de um homem. Com a Tati, eu vivi todos os meus desastres financeiros, minhas dificuldades, minhas angústias. Mas também vivi os melhores momentos da minha vida. E Deus foi tão bom comigo, que me deu de presente duas joias raras: Yasmim chegou em 6 de fevereiro de 2001, fruto de uma gravidez não planejada. Mas, desde o resultado positivo, ela passou a ser muito amada por todos. Com sua chegada, começamos a olhar a vida com outros olhos, amadurecemos na marra. Anos depois, recebemos mais um presente: Danilo. Ele foi um bebê planejado por nós e desejado por todos, inclusive pela Yas, e chegou em 20 de fevereiro de 2015. Ele nos deu um leve susto ao nascer, porém Deus novamente nos deu a oportunidade de sentir Seu poder e não deixou nenhuma sequela no nosso menino espoleta.

Você é do tamanho do seu sonho!

QUANTO MENOS PESSOAS SOUBEREM DE SEUS PROJETOS, MAIS FELIZ E BEM-SUCEDIDO VOCÊ SERÁ.

Colhendo os frutos

O ano de 2009 passou voando de uma maneira que não posso explicar. O plantão na penitenciária federal ficava mais sombrio para mim a cada dia, pois, quanto mais o tempo passava, mais eu me dedicava à empresa e aos estudos. Nunca negligenciei meu trabalho na penitenciária, afinal de contas, foi esse concurso que mudou minha vida. Mas também não podia ser chamado de o "servidor do ano". Eu fazia o meu trabalho e, nas horas de folga, arrebentava-me de estudar.

Não contei a ninguém no meu plantão que faria o concurso da Polícia Federal. Do contrário, me encheriam de perguntas e automaticamente gerariam uma carga de responsabilidade que eu não queria ter. Eu estudava muito e quietinho. Nas minhas horas de folga (eu folgava 72 horas), eu sempre reservava 4 horas para estudar as matérias relacionadas aos concursos da minha área (eu estudava nessa época para PF, PRF e delegado dos estados) e nunca fugi disso, ou seja, nunca estudei para tribunais, fiscais ou outras áreas. Religiosamente, eu separava algumas horas para o estudo, e as demais deixava por conta de ministrar as aulas e administrar minha empresa.

No íntimo, eu sabia que não tinha como dar problema no concurso. Eu conhecia bem a banca, as matérias, o estilo de prova e já estava calejado por tanta pancada. Na semana do concurso, tive uma conversa muito séria com os alunos e disse que o importante não era passar, e, sim, dar o melhor que tinham na prova: se o melhor não fosse suficiente para passar daquela vez, era porque aquele não era o concurso, e que outros viriam.

Colhendo os frutos

Na verdade, eu estava reproduzindo para eles o que eu queria que alguém dissesse para mim, e isso foi um grande alívio. Quero que imagine a carga que eu sofria naquela época. O curso era novo e, para dizer a verdade, tinha mais gente jogando contra do que a favor. Os alunos me olhavam como o espelho da estrutura e tudo dependia de mim.

No sábado, saímos em um ônibus de excursão de Cascavel rumo a Curitiba, onde seria realizada a prova. Chegamos ao hotel, e, como de praxe, peguei o resumo para dar uma lida.

A prova era no prédio de uma universidade em Curitiba. Foi uma loucura, muita gente perdida, gente falando besteira sobre tudo, e eu ali, concentrado ao extremo. Quando fui olhar meu nome na lista – para confirmar se aquele era mesmo o prédio onde eu faria a prova – perdi a paciência.

Dois rapazes e uma moça estavam conversando e discutindo sobre a forma de correção da prova. O que me chamou atenção foi que, no restaurante do hotel, as pessoas estavam falando a mesma coisa, ou seja, eles não sabiam ou não tinham certeza de que a formatação padrão da banca Cespe/UnB é aquela em que uma errada anula uma certa, ou seja, o esquema do menos um (-1). Até aí tudo bem, porque acredito firmemente que esses concursos não possuem concorrência e, se você estudar, uma vaga é sua, com toda certeza. O problema é que olharam para mim e perguntaram:

– Oi. É verdade que uma errada anula uma certa?

Só podiam estar de brincadeira comigo, perguntar isso para mim, bem naquele momento da minha vida. A resposta foi mais dura do que você pode imaginar e até hoje fico me perguntando se foi necessário o que fiz. Respondi o seguinte:

– Isso está no edital e, no mais, isso é padrão da banca Cespe. Você pode e, na verdade, vai sair com ponto negativo, pois nunca vi ninguém passar nesses concursos sem ao menos treinar, fazer um simulado. De resto, olhe o edital depois, pois a prova física é uma das piores que já vi e tem barra, natação, corrida, salto e depois vem o psicotécnico e o exame médico.

Você é do tamanho do seu sonho!

Falei bem tecnicamente. Depois disso, fizeram uma nova pergunta:

– E a concorrência?

– Pelo que sei, está dando 366 candidatos por vaga.

Depois disso, virei as costas e fui fazer minha prova. Entrei na sala e fiz o que sempre faço, ou seja, eu tenho minha forma de fazer provas. Nunca mudo, pois não adianta treinar de um jeito e jogar de outro. Entregaram a prova e fiz o que fui treinado para fazer.

Voltei daquele dia com a sensação de dever cumprido, não comentei com ninguém, além dos alunos, como eu tinha ido na prova. Apesar de gostar de conversar, não falo de meus projetos – até que estejam concluídos – a ninguém. Acredito que, quanto menos pessoas souberem de sua vida e seus projetos, mais feliz e bem-sucedido você será. Essa lição espero que você aprenda, pois em boca fechada não entra mosquito. Além disso, boca fechada não gera responsabilidade excessiva.

Fiquei sabendo que passei no concurso de uma forma inusitada. Eu estava de plantão na penitenciária federal e, como era comum, corríamos na pista do presídio. De repente, alguém gritou meu nome e começou a gesticular feito louco. Parei de correr e fui ver o que tinha acontecido. Quando cheguei, vi outro colega de trabalho bem irritado dizendo que eu era um mentiroso. Espantado, perguntei em que eu tinha mentido. Ele falou: "Você é complicado, disse que não ia fazer o concurso e fez, olha aqui seu nome." O cara, antes de olhar o próprio nome, foi ver se o meu estava lá.

Sem perder a paciência, respondi:

– Esse aí não sou eu, deve ser um homônimo.

Virei as costas e voltei para a minha corrida.

ENFIM, SENTI O GOSTO DA TÃO SONHADA VITÓRIA E A SENSAÇÃO DO DEVER CUMPRIDO.

Colhendo os frutos

Desse episódio, aprendi que as pessoas se importam mais com a vida dos outros, com os projetos alheios, do que com suas próprias ambições. Naquele dia, a minha corrida foi vibrante e pude correr com a sensação de que tudo tinha valido a pena; que todo esforço, dedicação e anos de sofrimento estavam dando resultado. Minhas metas tinham sido alcançadas e, mais uma vez, pude sentir o gosto da vitória, o gosto suave que a consequência do esforço nos traz. Só que desta vez o gosto foi especial, não era qualquer aprovação, era *a* aprovação, a realização do meu sonho. Mesmo sem assumir o cargo, sinto-me realizado, e essa realização me trouxe tranquilidade para seguir o outro caminho que escolhi, a missão de ajudar a realizar o sonho de outras pessoas.

Você é do tamanho do seu sonho!

Que gosto tem o sucesso daquilo que você alcançou até hoje?

PARTE 2

VIDA DE CONCURSEIRO: COMO TUDO ACONTECE

PARTE 2

VIDA DE CONCURSEIRO: COMO TUDO ACONTECE

PARTE 2

Equilíbrio e paciência
Carta aos concurseiros
Uma história de superação
Uma lição de vida
A possibilidade de mudar sua vida
A missão continua
Foco na preparação
Mapa da aprovação
Organização
Plano de estudos – o grande segredo
Tabela de estudos
Desvendando as bancas
A importância dos simulados
A palavra mais importante do dicionário
Faculdade versus concurso público
A grande lição

Equilíbrio e paciência

O mais comum no universo dos concursos é o efeito surpresa que proporcionamos às pessoas que estão ao nosso redor. Isso acontece porque, quando decidimos estudar de forma séria, nós nos fechamos para o mundo.

Vejo muita gente criticando minhas instruções aos alunos. Mas o que as pessoas normais não entendem é que os concursos públicos estão profissionalizados. Dessa forma, o concurseiro deve se preparar de forma organizada e eficaz!

Para explicar e simplificar a ideia que quero compartilhar, vou usar um exemplo real.

Em meados de 2010, apareceu um cara no curso. Ele tinha morado na Itália por cerca de 8 anos e resolveu estudar para concursos, já que não havia restado nada a ele, a não ser um pouco de dinheiro que guardou durante o tempo que ficou trabalhando no exterior.

Conversei com ele no primeiro dia e expliquei como tudo funcionava. Disse a ele que, somente com Ensino Médio, o leque de opções estaria limitado, que era legal ele se formar no Ensino Superior.

Sugeri a ele que fizesse um curso de tecnólogo que fosse reconhecido como terceiro grau pelo Ministério da Educação. Expliquei também que esses cursos são curtos – geralmente dois anos ou dois anos e meio – e que nesse período ele iria se preparando para o concurso que mudaria a vida dele.

Equilíbrio e paciência

De pronto, ele aceitou e escolheu estudar para as carreiras policiais, que englobam a Polícia Federal, a Polícia Rodoviária Federal, o Departamento Penitenciário Federal e Polícia Civil do Distrito Federal. O legal desses concursos é que a grade de matérias é comum em cerca de 90% deles. Assim, ele teria um prazo médio de dois anos de muita dedicação.

Assim foi feito! Ele começou a estudar forte por um tempo. Só que, no meio da caminhada, o primeiro erro aconteceu: ele resolveu dar um tempo nos estudos.

Aqui está estampado um erro clássico de muitos que desejam ser servidores públicos, ou seja, acham que estão cansados e, do nada, resolvem dar um tempinho para descansar.

Isso é a pior coisa que qualquer um que está estudando pode fazer, pois, quando você para, o critério de "emburrecimento" se acentua e, quando você volta, parece que esqueceu tudo e mais um pouco.

O legal foi que ele acordou a tempo e voltou para o curso. Nessa época ele estava bem quebrado de grana e ganhou a oportunidade de ser monitor.

Com o olhar fixo e com metas bem definidas, ele retornou com fôlego intenso. Lembro-me, como se fosse hoje, de um episódio que preciso compartilhar com você.

Certo dia, estávamos eu, minha esposa e minha filha no aniversário da filha do meu sócio. A festa ocorria em um sábado à tarde no clube do exército, em Cascavel/PR. Cheguei um pouco tarde e já fui me enturmando com os amigos. Pedi ao garçom uma bebida e, quando o garçom veio me atender, dei de cara com esse aluno! Falei com ele:

– Ô, maluco, o que está fazendo aqui de garçom?

Ele respondeu:

– Pô, Evandro. Estou quebrado e preciso de um extra, mas pode ficar tranquilo que, saindo daqui, vou direto para o Alfa estudar!

Você é do tamanho do seu sonho!

Naquela época estávamos em um ritmo muito intenso e tínhamos aulas aos sábados das 8 às 23 horas (isso sempre ocorre com o edital aberto). Cheguei perto dele e dei um abraço bem forte e, na sequência, disse o seguinte:

– Filho, tenho muito orgulho de você e tenho certeza de que tudo vai dar certo!

Os anos foram passando e muitas reprovações povoavam a vida e as esperanças, enquanto outras tantas dúvidas pairavam na cabeça dele. Em 2011, ele fez vários concursos e acabou passando em um concurso do município. Assumiu porque precisava de um "pezinho no chão". Mas nada tirava a esperança do seu coração.

No entanto, minhas preocupações aumentavam por vários fatores. Por mais que ele se esforçasse, o rendimento nos simulados das carreiras policiais não estava bom e ele estava muito abaixo da média de meninos e meninas que começaram tempos depois dele.

Certo dia, sentei-me ao lado dele e tivemos uma conversa bem produtiva. Eu o orientei a fazer o simples, pois é o simples que dá certo. Naquele dia desenvolvi um plano de estudo que vou reproduzir aqui de forma simplificada.

» **Parte 1:** a primeira coisa que fiz foi ver a disponibilidade dele e medir o tempo que ele tinha para estudar. Achei uma brecha de 4 horas por dia.

» **Parte 2:** identifiquei – por meio dos resultados nos simulados – em quais matérias ele estava pior.

» **Parte 3:** dividi as matérias – o que era estudo individual (estudo dirigido) e o que era curso.

» **Parte 4:** criei uma rotina para ele.

Dessa forma, ficou assim definido o plano de estudo dele:

» De segunda a sexta à noite: curso.

» Sábados: curso (turma de exercícios).

» Domingos: simulados.

Ele teria que bater 4 horas dias de estudo (fora o curso), isso de segunda a sexta-feira.

Separamos duas matérias por dia e exercícios dessas matérias.

Ele deveria estudar sempre o que sabia menos primeiro e, depois, uma matéria com que tinha mais afinidade.

Focamos no concurso do momento e tiramos a ideia de que ele tinha que passar em um específico, ou seja, dentro do leque de opções, o que importava era passar em um, pouco importando se fosse PF, PRF ou qualquer outro dessa área.

Ele seguiu aquele plano como uma doutrina quase militar. E a vida dele ficou definida em trabalho, estudo e atividade física.

O ano de 2012 chegou e, com ele, veio o concurso de Agente da Polícia Federal. Nesse ano, ele já estava preparado, mas com as dificuldades comuns a todos que estudam. Resultado: mais uma reprovação.

Nesse mesmo ano, saiu o edital de escrivão de Polícia Federal, ou seja, mais uma oportunidade de mudar de vida. Resultado: concurso suspenso.

Quando esse concurso foi suspenso, conversei muito com ele e expliquei que aquilo na verdade era algo bom, pois ele teria mais tempo para se preparar.

O ano passou e 2013 chegou. Esse ano foi especial, pois, em um período de apenas três meses, três grandes concursos com muitas vagas saíram, que foram os concursos de escrivão da PF, Depen e PRF.

Veja bem, o cara estava se preparando há mais de dois anos e agora – no auge de sua preparação – havia saído três concursos com editais compatíveis em 90% do conteúdo.

Um dia eu estava correndo no Lago Municipal e o encontrei! Foi uma conversa mágica, pois ele estava com a cabeça bem embaralhada. Dei um abraço forte nele, mandei que ele olhasse para o céu e falei para ele:

Você é do tamanho do seu sonho!

– Meu irmão, calma! As coisas acontecerão naturalmente. Sua aprovação virá se você tiver equilíbrio e paciência.

Naquele dia ele não conseguiu responder, apenas agradeceu e chorou.

As provas chegaram, e ele entrou na maratona doida que temos no curso. Aulas de segunda a sexta-feira, à noite, das turmas regulares, turmas à tarde somente de exercícios. Aulas aos fins de semana das 8 às 23 horas, simulados aos domingos, correções de simulados à noite, madrugadões, super-revisões de véspera, enfim, com o edital aberto parecemos um bando de loucos desvairados que só possuem um interesse em comum: estudar até passar.

A primeira prova que ele fez foi a de escrivão da PF. Resultado: não se classificou. A próxima foi do Depen, que ele simplesmente não fez. A terceira e última esperança era a prova da PRF. Ele foi lá e fez tudo o que tinha que fazer.

Após esse concurso, ele chegou ao curso e me encontrou no corredor. Perguntei como ele tinha ido, e ele simplesmente não soube responder. Disse que não havia conferido a prova e que não ia fazer isso, com medo de ver que tinha ido mal.

Mais uma vez dei um forte abraço nele e disse que tudo daria certo, que ele tinha feito tudo certo por anos e que as limitações seriam compensadas pelo tempo árduo de estudo.

Bem, nem preciso dizer que, no dia do resultado, vi aquele menino que me acompanhou por anos com os olhos cheios de água. Ele correu e começou a gritar:

– Classifiquei e vou para as outras fases!

Quando começo a escrever essas histórias verídicas, eu me emociono e minha força se mantém revigorada. Mas tudo bem, para entender e "sentir" tudo isso mais intensamente, nada melhor do que ler de quem viveu na pele os sofrimentos e as alegrias da escolha certa.

Equilíbrio e paciência

Antes de contar minha trajetória, gostaria muito de agradecer, de todo o meu coração, a força que Evandro e toda a família Alfa me deram como monitor para que eu realizasse meu sonho de passar no concurso da Polícia Rodoviária Federal.

Eu comecei a estudar no final de 2009, para o concurso da Polícia Militar do Estado do Paraná, crente que passaria em meu primeiro concurso. Esse foi meu primeiro erro e o resultado foi o previsível, ou seja, a reprovação.

Na minha caminhada, um fator foi fundamental para que eu pudesse passar: motivação. Por isso, além de contar minha história, vou relatar exatamente as dificuldades, os erros e os acertos que me levaram a estar onde estou hoje.

Primeiramente, eu me sentia muito burro por ter tido um ensino médio ruim, sentia muitas dificuldades em relação a alguns amigos, e o fato de ter que me regrar para estudar e trabalhar pesava muito.

Em segundo lugar, cometi o erro de parar de estudar depois de seis meses de estudo. Voltar depois de um ano foi um sacrifício. Aqui vai uma dica: quando começar, não pare até passar!

Dessa forma, ver amigos que começaram comigo passando em bons concursos e outros tantos em um nível de preparação foi um baque. E ter que recomeçar do zero foi difícil, mas não me deixei abalar, pois dessa vez estava decidido a só parar quando passasse no concurso da minha vida.

Estudando com planejamento, organização e seguindo os conselhos e os planos de estudo do Evandro, passei para agente de trânsito, agente penitenciário estadual, bombeiro militar e o cargo que agora tenho orgulho de ter: que é o do Departamento de Polícia Rodoviária Federal.

Hoje, depois de tudo que passei, o que tenho a dizer é o seguinte:

É muito gratificante e intenso. Todos os sonhos que sempre tive poderão ser realizados. Estou muito feliz por ser policial, por fazer parte do governo federal e saber que minha vida daqui para frente está estabilizada.

Hoje sou respeitado, sirvo de referência e posso vir aqui contar minha história, que com certeza motivará muitos a trilharem o mesmo caminho.

Por fim, afirmo do fundo do coração que tudo valeu a pena e, se tivesse que fazer, faria tudo novamente!

Rafael E. Leandro – policial rodoviário federal

Carta aos concurseiros

Certa vez, ouvi uma frase que mudou minha vida. Ela dizia assim: **Sinto mais orgulho das coisas para as quais eu disse "não", do que propriamente das coisas para que eu disse "sim"!**

Por vezes, dizer não ao lazer, ao prazer momentâneo, ao senso de conforto nos traz vários problemas, mas é fazendo exatamente isso que você vai se distanciar da multidão.

Em 2010, eu estava dando aula para uma turma gigantesca e, em determinado dia, resolvi dar uma bolsa de estudos integral para um aluno. Escolhi um menino muito especial e que precisava muito daquela bolsa.

Para minha surpresa, ele já havia recebido uma bolsa de outro professor e me disse que eu poderia cedê-la para outra pessoa que precisasse.

Ao sair da sala, encontrei um aluno chamado Héris, uma pessoa ímpar e que contagiava qualquer um com sua simplicidade, alegria e boa vontade. Ao conversar com ele, descobri uma pessoa linda, maravilhosa, apaixonante e extremamente dedicada que precisava daquela bolsa.

Naquele dia, Deus simplesmente orientou minha mão e demos a bolsa para uma vitoriosa. Mas não sou eu que contarei essa história de sucesso, pois ela mesma, anos depois, está tendo a oportunidade de entrar definitivamente em sua vida e em seu coração.

Apresento a história da incrível Chayene!

Você é do tamanho do seu sonho!

Meu nome é Chayene Demarco e fui aprovada em 6 concursos públicos em um ano e, dentre eles, três concursos federais os quais mencionarei posteriormente. Escrevo este depoimento a fim de contar um pouco da minha história, para que percebam que o caminho do sucesso é para todos e que, se eu consegui, você também conseguirá.

Em 2010, eu trabalhava numa empresa já havia algum tempo e estava descontente com a esfera privada. Percebi que era hora de mudar de vida! A pedido de uma amiga, fui ao Alfa Concursos assistir a uma aula experimental para o concurso do Ministério Público da União, que já estava com o edital aberto. Quando entrei na sala, senti uma energia tão maravilhosa! A aula foi tão encantadora que, ao final daquele dia, tinha a certeza de que ali eu teria todo apoio e instrução necessários para mudar a minha vida.

No encerramento da turma do MPU, o Evandro entrou em sala e deu um show de motivação para todos dizendo que era para cada um acreditar no seu sonho e que cada um da sala seria capaz de chegar aonde quisesse. Além disso, falou também sobre a turma das carreiras policiais, que iniciaria. Resolvi correr atrás de meus objetivos, ou seja, entrar para a área Policial da União.

Trabalhava e estudava e ainda tinha que arrumar tempo para praticar atividades físicas, já que o concurso almejado tinha teste físico. Acordava às 5 horas da manhã para estudar e seguia até as 7h30, quando ia treinar; depois ia ao trabalho e ainda ao cursinho à noite; aos fins de semana, aproveitava para estudar. Eu precisava me dedicar ainda mais aos meus estudos, até que decidi seguir o conselho do Evandro: juntei dinheiro (fiz isso durante quase 2 anos) para poder parar de trabalhar e ficar exclusivamente estudando.

Carta aos concurseiros

Em março de 2012, saí do meu emprego de 7 anos. Fui muito criticada por meus familiares e amigos, já que a maioria das pessoas não tem coragem de ousar, tomar uma atitude para ir atrás de um sonho. Iniciei meu novo planejamento e chegava a estudar 8 horas por dia, além do cursinho.

Aqui vai uma dica: eu cronometrava todo o tempo que ficava estudando e, se fazia um intervalo (almoço, lanche, banheiro, atividade física), eu parava o cronômetro e só o acionava novamente quando reiniciava os estudos.

Assim, siga seu planejamento e nunca esqueça do cronômetro, ele ajuda a administrar o tempo e a avaliar as horas reais de estudos.

Nessa fase, a disciplina é fundamental, já que se tem a falsa impressão de que há muito tempo livre e muito tempo para estudar. Quanto mais tempo você tem para estudar, mais tempo tem também para se distrair. Esqueça redes sociais, e-mails, pois eles são "roubadores de tempo". Se for entrar na internet, que seja para algo útil, como assistir a aulas online, vídeos motivacionais, enfim, assuntos relacionados ao concurso.

Foram quase dois anos estudando sem ter um edital aberto ou com perspectiva de abrir para a área escolhida. Então, fazia concursos para outras áreas, já que precisava fazer provas para melhorar meu desempenho. Nesse período cheguei a estudar numa sala com 11 alunos e formamos um grupo unido e persistente, que hoje colhe os frutos de muita dedicação e abnegação – todos estão aprovados em pelo menos um concurso público Federal.

No período de concurseira, não tinha fins de semana nem feriados, deixei de ir a festas, inclusive aniversários e casamentos, porque sabia que tinha um propósito maior e que um dia o alcançaria. Estudava pelo material do Alfa, fazia todos os simulados do cursinho e refazia-os após alguns dias, lia

Você é do tamanho do seu sonho!

muito texto de lei e fazia muitos, mas muitos exercícios. Procurava avaliar meus erros e acertos das provas e simulados e, naquelas matérias em que tinha mais dificuldade, eu estudava e me dedicava ainda mais.

No ano de 2013, os resultados de todo empenho e dedicação chegaram e fui aprovada em 6 concursos públicos: Escrevente do TJ/SP, Soldado da PM/PR, 1ª colocada Agente Penitenciário do Estado do Paraná, 53ª Nacional para Escrivão da Polícia Federal, aprovada nas Vagas na PRF e no Depen Federal. Eu trilhei um caminho de vitórias e sempre fiz de tudo para alcançar o sucesso.

Vou deixar aqui uma última dica que poderá mudar sua vida: não desanime nem deixe as críticas abalarem você. Eu usava as críticas como fonte de motivação. Também não se deixe abalar pelas derrotas ou reprovações nos concursos. Aprenda com elas, veja o que errou, as matérias em que teve mais dificuldade e como resolveu a sua prova. Aperfeiçoe aquilo que já sabe e desenvolva o que não sabe, pois é com falhas e derrotas que se chega ao objetivo final.

Por várias vezes, também me senti derrotada e sem esperança e sempre fui apoiada e incentivada pelos professores do Alfa e pelo meu hoje esposo Héris, que também estudava comigo e foi aprovado em vários concursos, dentre eles a Polícia Federal e a Polícia Rodoviária Federal.

Hoje escolhi ser Policial Rodoviária Federal e me sinto realizada e feliz por tudo que passei para chegar até aqui. Se tivesse que fazer tudo novamente, eu o faria certamente. E você, o que deseja para seu futuro?

Chayene Demarco - policial rodoviária federal

Uma história de superação

Histórias de superação e conquistas devem sempre ser contadas. Isso se deve àquela grande máxima que diz: **espelhe-se sempre em pessoas de sucesso!**

Eu sempre gostei de escolher uma pessoa como foco central e usá-la como fonte de motivação. Para quem me conhece ou convive diariamente comigo, sabe que tenho meus dias e que vivo a história de outras pessoas mais que as minhas próprias.

Em meados de 2011, eu orientava uma massa gigantesca de alunos presenciais na base da motivação, do testemunho e de muitas broncas. Isso aconteceu porque aquele ano foi um ano "seco" de concursos. Mas isso, até certo ponto, é bom, pois, nesses anos fracos de concursos, muitos candidatos abandonam a preparação, e quem fica firme usa isso para sair na frente.

É nessas horas que temos que ser especiais, pois pessoas especiais enxergam os problemas como grandes oportunidades de mudar de vida, enquanto pessoas normais enxergam os problemas apenas como problemas.

Foi nesse ano que conheci o Rodrigo. O mais legal de tudo foi que ele me odiou de cara (não só ele, mas a esposa também!). Era ódio familiar à primeira vista.

Você é do tamanho do seu sonho!

Por vezes, dizer a verdade faz com que você não se torne a pessoa mais popular do mundo, mas com o tempo as pessoas atingidas pela verdade vão confiar em você de uma forma quase sobrenatural e, de mais a mais, eu sempre tive em mente não querer ser amado. Assim, meu foco principal sempre foi tentar ser uma ferramenta para mudar a vida de quem quer ter a vida mudada.

De 2011 até 2013, foram anos difíceis, em que vivi mais a vida de outras pessoas do que a minha própria, e o Rodrigo foi um caso diferenciado nesse lapso temporal. Mas não sou eu quem vai relatar a história dele. Prefiro que ele mesmo a conte, porque, na verdade, não fui eu que a escrevi, e, sim, ele.

Em meados de 2011, há 7 anos trabalhando no Banco do Brasil, eu estava infeliz com minha profissão. Aceitei uma redução salarial para vir trabalhar no banco em Cascavel, onde conheci a equipe do Alfa Concursos e minha vida começou a mudar. No começo foi muito difícil, pois estava em uma cidade nova, com um salário menor, e muitas preocupações financeiras surgiram.

Aqui vem a lição número um: se sua vida está difícil, faça sacrifícios para mudá-la. Ficar na zona de conforto reclamando não vai trazer mudanças.

Comecei minha preparação com o Alfa, estudando para o INSS. Não lembrava nem o que era um substantivo. Cada vez que o Evandro entrava na sala, eu tinha vontade de lançar um "hadouken" na cara dele. Era só dificuldade. Mas com o tempo fui conhecendo a filosofia de ensino do Evandro e os métodos da equipe, e aprendi a confiar na preparação.

Uma história de superação

E aqui vai a lição número dois: não fique navegando entre quinhentos PDFs/videoaulas achados na internet. Escolha o rumo e mantenha o curso!

Em tempos de concursos escassos, chegou a esperada prova do INSS. Com a preparação que fiz no Alfa, consegui fazer uma boa prova, e fiquei em quarto lugar para a cidade de Tefé, no Amazonas. Isso mesmo, sou do Paraná e fui fazer a prova no Amazonas, pensando em fugir da concorrência. Estupidez total.

Aqui vai a lição número três: não existe concorrência, pois o que importa é a sua preparação. Não faça um concurso onde não pode assumir.

Após essa idiotice, resolvi estudar para o concurso de Agente da Polícia Federal. Mais uma vez segui à risca a preparação traçada pelo Alfa: fui a aulas, madrugadões, turmas de exercício aos sábados, simulados aos domingos. Fui aprovado dentro das vagas. Nesse processo, o Evandro sempre nos avisou sobre o teste físico. Eu estava sedentário depois de tantos anos como bancário e sofri para começar a fazer barras, pular, correr. Mas nada se compara ao sofrimento da natação. Em resumo, no dia do TAF, fiz a prova de natação, e perdi por cerca de dois segundos. Fiquei triste. Muito triste.

Enquanto eu melhorava na natação, continuava estudando para a PF, para o concurso de escrivão, que estava na iminência de ocorrer. Só que imprevistos acontecem e suspenderam o concurso devido a um imbróglio com os PNEs. Parecia que a vida estava de brincadeira comigo. Pensei em largar tudo. Com o apoio da minha esposa e da minha mãe, comecei a estudar para Analista da Receita Federal do Brasil.

Nessa época conversei com o Evandro e ele me apoiou, sempre me lembro dessa conversa. Mais uma vez "colei" na equipe Alfa: aula, exercício, simulados. Em apenas dois meses, consegui fazer uma boa prova e fui aprovado, mas fora do número de vagas. Na prova discursiva, fui prejudicado na correção e perdi 4 pontos, o que me jogou para fora dos excedentes. Eu era um pós-excedente, se é que isso existe, e somente um decreto presidencial poderia me salvar. Fiquei desolado.

Aqui vai a lição número cinco: é sério, aprenda a levantar-se, porque você vai cair, e mais de uma vez. Não passar é realmente a regra.

Depois de todos esses tropeços, voltei à prancheta. Já conformado com minha "má-sorte", estudava achando que nunca ia passar. Sempre fui um aluno de escola pública, e sempre trabalhei enquanto estudava. Ia para o trabalho com pequenos papéis no bolso, que ia lendo durante o expediente. Assim, por exemplo, decorei o art. 84 da CF/1988, e aprendi muita coisa.

Aqui vai a lição número seis: não faça de suas dificuldades motivo para desistir. Use-as para persistir.

O ano de 2013, assim como um novo dia, chegou cheio de oportunidades. Concursos do Depen, PRF e até o enrolado escrivão da PF saíram do forno. Mais uma vez, eu e muitos alfartanos mergulhamos nos estudos. O resultado foi o de sempre: assim como muitos amigos e colegas de aula, fui aprovado no Depen, na PRF e na prova objetiva da PF (graças à PF, não morro mais afogado!).

Depois de um estafante período de testes físicos, exames médicos, testes psicotécnicos, iniciei a minha formação na Academia Nacional de Polícia Rodoviária Federal. Tinha tudo para ser perfeito, só que mais uma vez um "imprevisto" aconteceu.

Lembra-se do decreto presidencial? Pois é, dessa vez o imprevisto foi providencial, porque, no último dia da validade do concurso de Analista Tributário da Receita Federal, apareci no Diário Oficial da União.

Mas o importante vem agora. As lições que escrevi nesse relato não são minhas, nem sequer as descobri sozinho.

O Evandro e a equipe Alfa sempre me disseram, desde o primeiro dia de aula. Eu só demorei a perceber que elas sempre foram verdade.

Agora, cabe a você descobrir se quer aprendê-las agora ou aprender sofrendo.

Avisos paroquiais finais: obrigado à família, em especial à minha esposa, Carolzinha, pelo apoio de sempre! Abraço para todos os professores, monitores e demais membros da equipe Alfa. Sem vocês, não teria vencido!

Abraço aos amigos que fiz no Alfa, todos vocês me ajudaram muito. As viagens que fazíamos para as inúmeras provas sempre ficarão em minha memória.

Rodrigo Cozer – analista tributário da RFB

Uma lição de vida

Lidar com pessoas é desenvolver a arte de ter paciência. É ter consciência de que, uma hora ou outra, alguém vai trair você, alguém vai pisar em você ou mesmo aquela pessoa em quem você apostava as fichas vai decepcionar você.

Nenhuma pessoa vai conseguir bater em você mais forte do que a própria vida; nenhum ser humano vai conseguir dar a você a lição perfeita. Isso quem vai fazer é o dia a dia, os problemas, as desilusões e os fracassos normais de quem busca vencer na vida.

Desde que comecei a trabalhar com concursos, eu me acostumei a ouvir as lamentações comuns dos alunos. Alguns reclamando com razão, outros que só sabiam lamentar sem motivos, enfim, pessoas são pessoas.

O legal é que, quando você lê esse texto, dá vontade de balançar a cabeça e concordar com tudo, não é verdade? Dá vontade de falar que as pessoas são assim mesmo e que não tem jeito. Não é isso que você está pensando?

Bem, a cada tonelada de rocha, encontramos pedras preciosas, e foi isso que aconteceu comigo no ano de 2011. Nesse ano chegou ao curso um rapaz moreno de altura mediana e todo mal-arrumado. Ele se aproximou e disse assim:

– Ô, moço, eu quero estudar!

Uma lição de vida

É, sei que vocês acham que estou brincando, mas não estou, ele chegou falando errado, escrevendo horripilantemente mal e com uma vontade contagiante de mudar de vida. Só que existia um único problema: ele não tinha um tostão furado!

Bem, nem preciso dizer que, ao ver aquele menino, vi uma grande oportunidade de provar que minhas teorias estavam corretas, que qualquer um – independentemente da vida que tenha – pode estudar, dedicar-se e ser um servidor público.

De pronto, dei uma bolsa para ele com o compromisso da dedicação intensa e disse a ele que aquele era o ponto zero de uma nova vida.

Por fim, ele me relatou que morava no acampamento do Movimento dos Sem-Terra e que não aguentava mais aquela vida. Depois disso, posso dizer que até eu mudei a forma de enxergar a vida!

Eu falando é uma coisa, mas o verdadeiro herói dessa história não sou eu. Eu fui somente a mão de Deus orientando e dando oportunidade para quem teve a coragem de querer ter a vida mudada pelos seus próprios esforços e é assim que apresento a vocês uma das pessoas mais incríveis que já conheci na vida!

O sucesso vem dos lugares mais improváveis!

Filho de agricultores que da terra sempre tiraram o sustento, lavador de caminhões, boia-fria, vendedor de picolés, carregador de estrume em aviários. Esses são alguns dos trabalhos que desenvolvi ao longo de minha vida.

Agora você pode estar se perguntando: por que você se interessou pelos estudos?

Bem, fiz isso simplesmente para mudar minha vida. Iniciei com aproximadamente 12 anos a primeira série do ensino fundamental. Isso mesmo! Eu era o grandalhão da turma, e os pequeninos tinham que me respeitar (risos).

Mesmo diante das limitações, nunca mais parei de estudar; no entanto faltava algo para mim, faltava uma oportunidade.

A oportunidade surgiu quando minha família e eu nos mudamos para Cascavel, porque aqui conheci pessoas vencedoras, iluminadas, que não se contentam em vencer sozinhas, pois têm uma vontade enorme e quase sobrenatural de que os outros também vençam, essas pessoas são o Evandro Guedes, toda a Equipe Alfa Concursos.

As motivações do Alfa (como: Você vai vencer! Você consegue! Acredite nos seus sonhos! Estudar para concursos é mudança de vida!) são incríveis.

Apesar de minhas limitações financeiras, meu estado de pobreza, eu tinha que sobreviver com um salário regrado ao extremo, o que me fazia estudar incansavelmente, pois vislumbrava no estudo a maneira de mudar minha vida.

Poder ir ao mercado e comprar o que quisesse e, também, poder pagar um bom colégio para meus filhos. Por isso, estudava de madrugada, abdicando de parte do meu sono, e sempre buscando conciliar estudo, trabalho e família.

No começo, aprender Língua Portuguesa e Redação era dificílimo, porque eu tinha várias necessidades de aprendizagens, enfim, era praticamente um semianalfabeto. As aulas de Informática, nem se fale! Eu mal sabia utilizar um computador, e assimilar os conceitos era ainda mais trabalhoso.

No entanto, superar limites é o que o Evandro Guedes tem como característica que o tornam mais humano e transformador. Ainda me recordo que, quando estávamos desanimados com a nota baixa no simulado, desanimados em estudar, estudar e não passar em nada, o Evandro entrava na sala e nos mostrava outra maneira de encarar a vida, ou seja, construir a paciência, pois a aprovação certamente chegaria para aqueles que não parassem.

Uma lição de vida

Devido ao pouco tempo, procurava otimizar meu estudo. Naqueles horários em que poucos estudavam, eu fazia a diferença. Percebi que ficava 1h30min por dia em função de transportes públicos. Nesse tempo, lia resumos e também ouvia áudios que eu gravava com macetes e lei seca, pois, quase sempre, os ônibus estavam lotados e as pessoas falavam muito alto, e o áudio era mais um mecanismo de aprendizagem.

Lembro-me de que, tão logo chegava do trabalho, tomava banho, comia e corria até o ponto de ônibus para ir para o Alfa. Fazia isso em 15 minutos. Algumas pessoas me perguntavam se isso valia a pena. E eu respondia: cada minuto vale a pena. Eu estava lidando com minha vida, com a vida da minha família, e não podia vacilar.

Diante de todo esse esforço, aos poucos conquistei aprovações: primeiramente em concursos municipais, depois na Polícia Militar, Agente Penitenciário Estadual e Federal, e Polícia Rodoviária Federal; no entanto, nos cargos de agentes penitenciários (tanto estadual quanto federal), reprovei no teste psicológico, o que me abalou psicologicamente (risos).

Esse fato me fez refletir sobre como existem pessoas pessimistas, que quase pulam de alegria com a perda dos outros. Em contrapartida, há pessoas boas (ainda bem!) que choram contigo, que te animam e sabem que não é possível vencer sempre, mas que a persistência inevitavelmente o levará a vitória.

Pelas conquistas que venho obtendo, pelas transformações que o estudo para concursos vem fazendo em minha vida, eu só tenho a agradecer a Deus por me guiar e colocar pessoas iluminadas e com propósitos nessa vida. Evandro, é um semeador de esperanças!

Por fim, penso que nossas limitações, nossos problemas podem desencadear duas coisas: superação ou fracasso, ou seja, podemos escolher estudar até passar ou simplesmente

Você é do tamanho do seu sonho!

ser mais um que não conseguiu com a desculpa de que a vida é dura. Mesmo assim, caso ache que não é possível vencer, pare, olhe para o lado e perceba que existem pessoas em condições piores do que a sua, mas que conseguiram vencer nos concursos públicos!

Evanildo Ferreira Marins – ex-sem-terra e agente da PF

Todos os dias alguém me pergunta o porquê de tanta dedicação a um projeto que já faz parte de algo conquistado. Ou seja, as pessoas querem saber por que ainda fico insistentemente convencendo as pessoas a mudarem de vida, se já fiz a minha parte e garantir com louvor a minha estabilidade e a felicidade da minha família. A resposta aqui é algo que enche meu coração de felicidade e acredito sinceramente estar sendo abençoado por Deus.

O ser iluminado é aquele que vence na vida e fica com uma vontade quase sobrenatural de ver o próximo vencer também!

Entendeu agora o porquê de me sentir iluminado? Então, são as histórias reais as que vivemos na pele, que nos fazem refletir como é bom ter a oportunidade de sair do nosso próprio umbigo e viver a vida de pessoas incríveis.

Às vezes, sinto-me iluminado a ponto de ser incomodado pelo Espírito Santo de uma forma incrivelmente maravilhosa. Isso também aconteceu com o Ronaldo. Confesso que poderia escrever dezenas de páginas sobre esse episódio da minha vida, mas deixarei que o próprio protagonista conte a história!

Uma lição de vida

Em busca de emprego, encontrei um panfleto o qual chamou a minha atenção, uma vez que anunciava o início de um cursinho preparatório para um concurso que estava na iminência de ocorrer, o tão esperado concurso do INSS. Fiquei empolgado com o apelo descrito no panfleto e fui logo tratar de procurar o anunciante.

Logo nas primeiras aulas, a ideia de que seria fácil eu passar nesse concurso foi sendo quebrada e a realidade apresentada pelos professores puxava os meus pés para o chão. Os meus olhos se voltavam cada vez mais para as apostilas, pois somente assistir às aulas não traria a minha aprovação.

A sinceridade dos professores e os muitos conselhos às vezes me assustavam, mas ao mesmo tempo faziam com que eu me sentisse seguro, porquanto estava sendo preparado por professores que carregavam uma bagagem e experiência pessoal no que diz respeito a concursos.

As dificuldades aumentavam a cada dia, tanto na minha vida pessoal e financeira quanto no aprendizado. Os dez anos que morei no Japão, somados à falta de intimidade com livros didáticos, anunciavam o início de uma longa jornada, a qual eu teria que percorrer, com obstáculos que até então eu não imaginava ter que enfrentar. Aos poucos entendi que cada minuto do meu tempo tinha que ser bem aproveitado e que a disciplina e a organização são fundamentais para conquistar qualquer objetivo. Ao falar de organização, o que me ajudou muito foi exatamente ter percebido que ela faria a diferença.

O plano de estudo foi algo fundamental para minha organização e não deixou que os conteúdos se perdessem ou que eu "patinasse" no tempo, estudando matérias a mais e deixando de lado outras fundamentais.

O que mais importava para mim era chegar à aprovação e, para isso, eu não media esforços.

Começaram as críticas de alguns familiares e amigos que não entendiam o meu "enclausuramento".

Foi com a ajuda de professores e amigos concurseiros que comecei a progredir nos estudos. O Deus em quem acredito colocou em minha vida pessoas extraordinárias para me ajudar e, também, as ferramentas necessárias para o meu aprendizado.

Eu estava sem grana e sem trabalho, já havia vendido alguns pertences para ajudar nas despesas, mas não podia parar de estudar. Foi então que tive a ideia de oferecer, em troca de um cursinho, um microfone profissional para estúdio de gravação que eu havia trazido do Japão. Conversei com o Evandro e, GRAÇAS A DEUS, ele aceitou!

Passados alguns dias, o Evandro veio até mim e me devolveu o microfone dizendo que havia sentido um peso no coração e que não poderia ficar com o microfone, mas, mesmo assim, daria a mim uma bolsa de estudo. Glória a Deus! Fiquei muito emocionado e grato a esse amigo que eu acabara de ganhar, ele nem me conhecia e de pronto resolveu me ajudar.

O concurso do INSS passou e eu não apareci nem na foto, assim como em outros concursos também. Como diz meu amigo Evandro, a regra é não passar e a exceção é passar, o importante é não desistir.

As dificuldades aparecem, isto é fato! A vontade de desistir também, porém, desistir JAMAIS! Sei que não é tão fácil assim. Nos bastidores dessa minha decisão, além da minha vontade e necessidade de ser aprovado, também havia pessoas que se importavam comigo e tinham sempre uma palavra de motivação. Estar em um cursinho presencial ou online faz com que a gente tenha a oportunidade de participar das vitórias e derrotas dos colegas, ver a superação de muitos guerreiros, depois de levarem uma bomba na prova, e isso me encorajava a continuar também.

Aprendi a ignorar algumas coisas, por exemplo: os olhares críticos dos parentes que, por muitas vezes, faziam-me sentir como um vagabundo, talvez por não entenderem que, para nós concurseiros, o estudo vem em primeiro lugar e que o "corte da grama" ou outros "afazeres" podem ficar para depois; ou até mesmo os comentários daquele "colega" de trabalho dizendo que você pode ficar louco de tanto estudar; ou ainda as conversas de pessoas que acham que estamos perdendo a noção da realidade e que concurso é um jogo de cartas marcadas.

Aprendi também a suportar a própria pressão que eu fazia em mim mesmo, por ser provedor do sustento da minha família, e privá-los de muitas coisas. Posso lhes assegurar que esta foi a carga mais pesada que tive que carregar. Foram mais de três anos de estudo para que começasse a surtir os primeiros efeitos. Nesse meio-tempo trabalhei em serviços temporários, fiz alguns bicos, mas estava muito difícil conseguir emprego decente. Em algumas entrevistas, os entrevistadores foram sinceros em dizer que, para um pai de família como eu, não seria coerente pagar o salário que a empresa estava oferecendo e que eu sairia assim que conseguisse algo um pouco melhor.

Essas e muitas outras situações por que passei tentavam me convencer a desistir, porém escolhi prosseguir.

Nessa minha caminhada, tive três grandes vitórias, dentre elas estão: o concurso do CETTRANS, o concurso da Câmara Municipal de Cascavel e, o mais top de todos, que é o concurso para agente penitenciário federal, o qual tive a honra de participar do curso de formação dos agentes, que foi realizado em Brasília.

Hoje estou com 44 anos e tenho muitos planos para o meu futuro e o de minha família. Se você está desencorajado a estudar para concurso só por causa de sua idade, saiba que trabalhar você vai ter que trabalhar mesmo, ou você acha que por ser mais maduro não precisa trabalhar? De maneira nenhuma, todos temos que trabalhar, e a grande maioria, até aos 70 anos, não tem pra onde correr. Então, por que não trabalhar em algo de que gostamos?

Por muitas vezes, cheguei a me questionar sobre a área de concurso que estava estudando, se realmente condizia com minha idade, mas era algo que eu queria muito, e além do mais, ainda me sinto muito jovem.

Confesso que comecei a ficar incomodado, então eu decidi parar de pensar sobre isso e encarei como mais um desafio em minha vida. E como foi bom não ter desistido, como foi bom ter seguido os conselhos dos professores e como está sendo ótimo colher os frutos da minha dedicação. Acreditem, a vitória é certa! É só uma questão de tempo.

Quero dedicar esta vitória ao meu Deus, que me deu saúde, força e proveu o que eu precisava em todas as áreas de minha vida; à minha esposa e aos meus filhos, que compreenderam as dificuldades como parte da vitória e souberam suportar a escassez; a todos aqueles que me apoiaram, dentre eles meus amigos: Marcos Oldoni, Evanildo F. Martins, Rodrigo Cozer, os quais sempre me ajudaram, com muita paciência, a esclarecer minhas dúvidas e também a treinar o TAF; e, em especial, ao Evandro Guedes, que acreditou em mim e que, além de me dar bolsa de estudo, sempre se preocupou se eu estava precisando de apostila ou algum outro material. Lembro-me sempre de suas palavras.

E sei que essas palavras não foram ditas da boca para fora, e, sim, com a sinceridade de quem tem prazer em ajudar os outros e se alegra com suas vitórias.

Obrigado, professor, por compartilhar sua história, que é para mim uma lição de perseverança e de vitórias; seus conhecimentos, os quais foram essenciais para minha aprovação; suas palavras de encorajamento. Obrigado por sua dedicação e amor no que faz.

Deus abençoe muito você e sua família.

Ronaldo Aparecido Kawashita – agente penitenciário federal

A possibilidade de mudar sua vida

Algumas coisas acontecem em nossas vidas de forma inesperada e são elas que nos fazem diferentes, nos motivam a continuar e nos fazem vitoriosos.

Acredite que você pode. Isso já é meio caminho andado!

Meus caros, poucas vezes fico sem ter o que dizer, mas, no caso da Elaine, literalmente perdi a voz! Participei com ela de todos os momentos difíceis, mesmo a distância, e tenho muito orgulho de dizer aqui: ELA FOI NOMEADA!

É com muito prazer que venho compartilhar com todos vocês a imensa felicidade de ver a publicação da minha primeira nomeação no Diário Oficial da União (DOU), para o cargo de Técnica do MPU.

A caminhada foi dura, com várias reprovações e duas aprovações durante um período de um ano e seis meses. Por muitas vezes, pensei em parar um pouco pelo cansaço e decepções, mas, como o professor Evandro Guedes sempre diz, se você parar e depois quiser voltar, tudo terá se perdido e tem que começar do zero.

Tive minha primeira aprovação no concurso da Caixa Econômica Federal em 2012, fui convocada, não me adaptei ao trabalho e saí para estudar para o concurso do TJ/SP.

Passei na 1ª fase da prova do TJ/SP e fui reprovada na 2ª fase, devido a uma atitude incoerente de um fiscal. Entrei com vários recursos, mas de nada adiantou, perdi a chance de ficar em 5º lugar para a região que me inscrevi.

Fiquei com tanta raiva, como muitos alunos ficam, mas não desisti. Usei essa raiva como combustível para estudar forte para o MPU. Resultado: 10º lugar para Técnico MPU/SP com 20 mil inscritos e hoje comemoro minha nomeação.

Creio que aí está a diferença entre desistir e continuar com mais força. Foi assim que muitos alunos alcançaram o sucesso e o tão sonhado cargo público. Seguir as orientações dos professores e a escadinha de turma regular, exercícios e simulados é fundamental, não conseguiria sem isso.

Agradeço ao AlfaCon por ter me dado todo o apoio necessário nesta caminhada, todos acreditavam que eu podia, e eu confiei. Ao meu amigo, Evandro Guedes, agradeço a oportunidade de ser Monitora Online. Saiba que sua missão está cumprida, nunca esquecerei o que fez por mim no momento mais difícil da minha vida e retribuirei ajudando outros alunos.

Minha caminhada não para, continuarei a alcançar objetivos maiores, pois sei que posso, porque tenho toda a Equipe AlfaCon junto comigo. Obrigada!

Elaine Riobranco – técnica do MPU

A missão continua

O AlfaCon nasceu de um sonho e esse sonho se tornou uma missão de vida. Agora essa visão é compartilhada por todos que trabalham comigo. Continuar ajudando pessoas a realizar seu sonho é o que nos move adiante, sem temer nenhum obstáculo. Acredito sinceramente que minha missão é ajudar pessoas e continuarei fazendo isso até que minha luz se apague.

―――――――

Sou formado em Biomedicina pela Universidade Federal de Pernambuco e, na metade do mestrado em Dosimetria Citogenética, em meados de 2016, comecei a pensar em fazer concurso público. Eu tinha um sonho de ser policial, mas ele estava adormecido.

Nunca fui um ótimo aluno na escola, digo, do Ensino Médio em diante. Sempre estudei a minha vida toda em escola pública e faculdade também, até porque não tinha condições financeiras para pagar e nem minha família. Minha mãe era beneficiária do Bolsa Família, meu pai não trabalhava e ainda tinha problemas com álcool, e eu sofria bastante por isso. E minha avó recebia um salário-mínimo de pensão, além de acordar muito cedo para pegar verduras e frutas na Ceasa, que caíam dos caminhões.

A missão continua

Diante de tudo isso, eu precisava mudar a vida da minha família. Resolvi estudar para concursos em 2016, após assistir a um vídeo do Evandro falando "sua vida está uma merda, você não tem nada, você é formado e está sofrendo", que meu amigo Leo Soares me mostrou. Além de tudo isso, ele vivia falando do Evanildo Ferreira, mostrando como tudo pode mudar. Desse dia em diante, minha vida mudou completamente. Resolvi me tornar um Agente Federal: PF/PRF/Depen. O que eu tinha? Um quarto, uma escrivaninha doada pela minha mãe, um notebook meia-boca, uma cadeira e uma bolsa de mestrado, que foi de onde eu tirei o dinheiro para comprar o Anual Carreiras Policiais (dividido em 10 parcelas).

Passei por muitas dificuldades durante o estudo, só eu, minha namorada e meu amigo Leo sabem. Formado e já mestre, me submeti a ganhar R$ 500 por mês só para ter tempo disponível para estudar.

Já escutei que nunca ia conseguir, que não queria saber da minha família, quando na verdade era justamente o contrário. Lembro-me de um período bem sofrido: já não tinha mais esses R$ 500 e meu curso estava acabando. Minha namorada acreditava muito em mim, e foi quando ela resolveu me presentar com o SOU+, justamente quando eu estava prestes a ser chamado para o curso de formação da Polícia Civil de Pernambuco, em outubro de 2017, mas só fui nomeado no dia do meu aniversário, 27 de janeiro de 2018.

O sofrimento foi longo, de 2016 a 2018. Minha vida mudou completamente, mas ainda queria mais: queria ser um agente federal. Mudei de R$ 0 para R$ 3.600. Só que Evandro me ensinou a buscar sempre mais. E eu fui atrás: aprovado em Agepen/PE, caí na PF por 2 pontos (lastimável) e fui aprovado na PC/PR. Eu poderia ter parado, estava triste por cair na PF, mas não era condizente com meu espírito alfartano. Continuei e fui aprovado em 2019 na prova da Polícia Rodoviária Federal.

Hoje, sim, sou um Agente Federal e, sobretudo, Professor do AlfaCon, porque Evandro não me abandonou e sempre me ajudou. Foi um instrumento de Deus na minha vida. Estarei sempre com ele, para o que der e vier.

Diante disso, garanto: minha vida não acabou aqui. Vou construir muito mais, e chegarei a patamares que jamais imaginei.

De onde eu tirei que acreditava? Do instrumento que Deus tinha colocado sobre a minha vida: Evandro Guedes, que sempre me motivou, sempre me ajudou. Apesar de eu ter sido um aluno 100% on-line, ele sempre impactava minha vida. E, hoje, continua me ajudando e auxiliando a me tornar o que eu quero ser. É meu Elemento Transformador de Vidas.

Leone Maltz Borges da Silva – policial rodoviário federal e professor do AlfaCon

---

O que falar do Evandro? Lembro até hoje o dia em que cheguei à Cascavel em definitivo, em 2015, e o primeiro lugar ao qual fui era o restaurante Kilo, próximo ao AlfaCon. E quem estava lá? Ele mesmo, com a Tati e a Yasmim! Logo me aproximei e ele, pacientemente, ouviu toda minha história. Começaria ali uma grande amizade que, com certeza, será eterna. No decorrer dos meus seis anos de preparação para concurso, o Evandro fez parte de todo o processo, do início ao fim. Por isso, hoje, sou muito grato a tudo.

Nesses quase quatro anos de presencial, consegui participar da evolução do AlfaCon, materializada por meio da mudança de sede, da criação do CTI, da criação do Fábrica de Valores, entre outras coisas. E o Evandro é o cerne de todo esse crescimento.

Muitas vezes incompreendido, e com seu jeito peculiar de ser, mas quem o conhece sabe que tem um bom coração e fui prova da sua bondade por diversas vezes. Cansei de vê-lo pagando bolsas de estudo a alunos, pagando inscrições em prova, ajudando com a monitoria e nunca vi, nesses anos todos, ele negar ajuda a alguém. Dentre outras coisas, esse é o ponto que mais admiro nele.

Nossa amizade sempre foi muito aberta, por vezes discordamos em muitos aspectos, mas sempre com respeito mútuo e assim foi durante todos esses anos. Quando eu precisava desabafar, falava com ele. E quando ele precisava, me procurava. Encontrei nele uma espécie de figura paternal, já que tempos antes eu havia perdido meu pai.

O suporte que obtive foi essencial na minha aprovação! Agradeço a ele por ter me dado oportunidade de ser seu monitor, seu professor e ter contribuído para o crescimento do AlfaCon.

Evandro, tenho certeza de que você se lembra do momento em que cheguei à sua sala e fiz um pedido peculiar: "Eu gostaria de usar as salas de aula do AlfaCon, na madrugada, para ministrar aulas aos colegas mais próximos, para melhorarmos nosso desempenho. O que você acha? Pode me disponibilizar?". Naquele momento, eu esperava o "não" dele, uma vez que, naquela época estávamos nos conhecendo ainda, e seria um grande gesto de confiança disponibilizar todo um prédio para um aluno que mal conhece. Pois bem, na hora ele disse: "Claro, meu filho. Sem problemas. Vou deixar vocês da meia-noite às seis da manhã aqui no Alfa e, pela manhã, as colaboradoras da limpeza vão abrir para vocês irem embora". Quase nem acreditei no que ele havia acabado de dizer, mal sabia eu que esses gestos de bondade seriam corriqueiros no decorrer do tempo...

Outro ponto digno de admiração é a capacidade do Evandro em ver o melhor nas pessoas. Muitas vezes, ele viu em mim algo que nem eu poderia perceber. Eu me lembro até hoje do dia em que viajamos ao Ceará, eu era responsável por avaliar os professores do time de Fortaleza e por orientar os novos monitores. Além disso, já aproveitaria para fazer a prova de Agente Penitenciário daquele estado. A prova seria no domingo, e, na sexta-feira ao meio-dia, eu estava no quarto do hotel quando o Evandro me liga: "Cristyan, você vai dar aula hoje. Prepara um material de Leis Especiais. Você tem 2 horas para fazer isso, porque depois tem que ir avaliar meus professores, cuja reunião será às 16 horas. A aula à noite começa às 19 horas." Ponderei que nunca havia dado aula com edital aberto para tanta gente com um prazo tão curto para montar material, e o Evandro com toda sua delicadeza disse: "Vai lá e faz!". Após dizer isso, combinamos de conversar mais tarde. Montei o material em tempo "recorde", fui correndo à reunião e ao presencial. Ao chegar lá, o nervosismo tomou conta, ao ver todos aqueles alunos ansiosos pela prova e pela minha aula. Naquele instante, senti a responsabilidade de passar o conteúdo certo para aqueles meninos e meninas que apostavam tudo naquele concurso. Antes de iniciar a aula, o Evandro me apresentou para a turma, falou que eu era uma aposta dele, e que confiava em mim para ajudar aos alunos. Aula dada, e, para minha grata surpresa, além de os alunos gostarem muito da aula, consegui passar várias questões da prova, o que acabou por me "credenciar" como professor no AlfaCon. O prazer e a alegria de ver os alunos, após a prova, agradecendo por tê-los ajudado a passar no concurso não têm preço!

Outro fato que me marcou muito foi quando fui dar aula para a Polícia Civil da Bahia, com cerca de 3 mil pessoas assistindo presencialmente e 40 mil pelo YouTube. Nesse dia, eu estava muito nervoso, e fui falar com o Evandro para saber como me portar em um evento tão grande como aquele. Também seria minha primeira vez com um público tão grande, e ele disse com aquela sua delicadeza novamente: "Não vai me ferrar lá, é a imagem do AlfaCon que está em jogo. Eu confio em você. Agora, chega de frescura e vai dar sua aula." Claramente as palavras dele foram "reconfortantes"... hahaha! Fui lá dar a aula e graças a Deus foi um sucesso.

O que eu quero dizer com esses relatos? É que o Evandro, embora às vezes eu não entendesse naquele momento, estava me preparando para ser forte, para não reclamar da vida e a encarar os problemas sem medo. E assim foi por todo o tempo em que estive no AlfaCon.

Só tenho a agradecer, novamente, ao AlfaCon, por todo o suporte que eu tive na minha preparação. A sensação que tive quando fui, em 2014, conhecer o AlfaCon com meu pai, foi algo surreal. Eu senti que naquele lugar a minha vida mudaria. E, de fato, um tempo depois foi o que aconteceu! Por fim, para não me delongar, uma vez que poderia escrever um livro só com nossas histórias, me lembro do dia anterior à prova da Polícia Federal em 2018, na Super-Revisão de Véspera. No dia do evento, não troquei meia dúzia de palavras com ele. Ambos estávamos tão ansiosos que nem olhávamos um para outro. Ele visivelmente preocupado, e eu com um peso absurdo "em meus ombros" sabia que precisávamos respeitar o espaço um do outro, afinal, aquela seria a prova dos meus sonhos. Ele acreditava tanto em mim que, por vezes, eu mais me preocupava em passar para não o decepcionar.

Acredito que toda essa "pressão" teve seu impacto positivo, uma vez que eu sempre estudava para ser o melhor, e a cada dia minha evolução era notada. Chegado o dia da prova da PF, nem nos falamos. Fui para o local de prova, olhava para os lados, via aquela imensidão de gente e pensava "não sei se vou passar, mas com certeza me dediquei mais do que a maioria aqui nesse lugar". Feita a prova, sai arrasado. Achava, sinceramente, que não teria como passar. Logo após sair da prova, o Evandro já estava querendo saber como tinha ido e me chamou para participar da correção da prova. Eu, nervoso, disse que não iria, porque havia reprovado com certeza, mas ele insistiu que eu fosse. Pois bem, cheguei lá com cara de derrotado e ele logo pegou minha prova. Deu uma olhada, conferiu Língua Portuguesa, viu que eu só havia errado uma, com base no gabarito do AlfaCon (com o resultado definitivo eu realmente havia errado só uma em Língua Portuguesa), ele, sem nem mesmo olhar para o restante da prova, disse "Você passou, eu tenho certeza. Vai para as vagas do concurso". Eu olhei para ele e o indaguei: "Tá maluco? Eu me ferrei nessa prova", e ele disse: "Para de frescura! Você passou, porra." Depois disso, fiquei sem falar com ele durante o resto do dia, afinal eu achava que ele estava louco. E não é que tempos depois descobri que aquele doido estava certo. Ele novamente havia acreditado em mim mais do que eu mesmo!

Evandro, continue sendo essa pessoa singular, que fala o que pensa, que acorda cedo e dorme tarde, que é um visionário, e que ama a vida do aluno. De fato, você tem grande participação na conquista do meu tão sonhado cargo de agente da Polícia Federal do Brasil!

Cristyan S. Gonçalves – agente da polícia federal

Conheci o Evandro por meio de uns "concurseiros" amigos meus. Na época, não dei muita atenção a isso, pois minha realidade era outra. Eu era de uma comunidade muito pobre em Fortaleza e minha rotina era somente de sobreviver, sem muitas expectativas ou sonhos. Eu guardava carros nas ruas (o famoso "flanelinha"). Mas Deus sabe como mudar nossa história. Não sei como, mas o Evandro estava em Maceió e tive a benção de conversar com ele. Não desperdicei a chance e pedi uma oportunidade para estudar com ele, e, em troca, eu me propus a lavar o banheiro do curso Agora eu Passo, que Evandro havia comprado em Fortaleza, ou qualquer outra coisa que eu pudesse fazer para pagar a mensalidade. Ele imediatamente me estendeu a mão e disse que eu seria monitor da sala de aula dele, mas eu tinha que prometer três coisas:

1. *Nunca desistir.*
2. *Respeitá-lo como se respeita a um pai.*
3. *Nunca pedir nada a ele.*

Fiz o pedido, mas não esperava uma resposta dessa. Topei logo o presente, e fui estudar no presencial de Fortaleza. Era o dia 23 de dezembro de 2017. Ali começava minha jornada em busca do sonho. Confesso que só o fato de sonhar já era novidade para mim, mas acreditei e busquei o sonho plantado por Evandro como ninguém. Em 2018, eu me aventurei e fui para o curso presencial do AlfaCon em Cascavel, com as mesmas condições e apoio que tinha. No mesmo ano, fiz a prova da PF e tive minha primeira experiência. Reprovei, mas Tati e Evandro estavam ao meu lado e me mostraram que eu estava no caminho certo. Não consegui fazer a prova da PRF de 2019, mesmo assim, decidi focar na PRF e em 2020 acelerei e estudei muito: manhã, tarde, noite e madrugadas livres (quando eu não estava trabalhando como garçom).

Chegou o ano de 2021, e, com ele, saiu o tão esperado edital da PRF. Era a oportunidade que eu estava esperando. Larguei tudo, passei a viver com o mínimo possível. Tati e Evandro estenderam a mão e falaram que estariam comigo até a porta da UNIPRF. Isso me deu ainda mais confiança. Chegou o dia da prova. Fui lá e fiz o meu melhor e o que era inimaginável há pouco tempo aconteceu: a tão sonhada aprovação. Evandro e Tati cumpriram suas promessas, e assim está sendo até hoje. Na época, eles pagaram todas as despesas com passagens, exames médicos, e acima de tudo deram muito apoio emocional. Coisa que só os pais dão aos filhos.

Por isso, e por tantas outras razões, sou muito grato aos dois, e a toda equipe do AlfaCon, pois todos acreditaram em mim e me incentivaram durante todo esse processo!

José Jaciran dos Santos (Jota) – policial rodoviário federal

Conheci o Evandro por volta de 2014, no YouTube, assistindo a vídeos motivacionais de carreira policial e, desde então, comecei a acompanhar a ele e ao Alfa. Continuei estudando em casa até 2018 e, em agosto de 2018, fui para Cascavel para ser aluno presencial. Em 2019 eu me tornei monitor e comecei a participar do Grupo de Treinamento Tático AlfaCon, em que tive contato mais próximo com o Evandro e pude conhecê-lo melhor.

Depois de alguns meses, o amigo Diego me indicou para trabalharmos para o Evandro no setor Pedagógico do AlfaCon. A partir daí comecei a ter um contato ainda mais próximo com Evandro. Ele começou a nos orientar pessoalmente nos estudos, nos incentivando e passando suas experiências em concursos quase que diariamente. Apostou muito em mim e nos outros funcionários que trabalhavam comigo. Todos éramos funcionários e alunos do AlfaCon. Ele nos ajudou com as provas e com tudo de que precisávamos, tanto com as provas quanto com os treinamentos de tiro que tínhamos a oportunidade de participar com ele.

No ano de 2021, veio a prova da Polícia Federal. Pus em prática todo o aprendizado e fui aprovado. Ainda estou vivendo o sonho e mantenho contato com ele. Tenho muito carinho e gratidão por tudo que ele fez por mim e pelos meninos. Sei que nossa história juntos ainda terá muitos episódios.

Thiago Lima Munhoz – agente da Polícia Federal

Foco na preparação

A vida moderna nos leva a distrações incríveis. Televisão, internet, celulares, enfim, todo o tipo de distração desnecessária está ao nosso alcance quando estamos estudando para valer.

A pergunta que você deve estar fazendo é: como eu faço para sair dessas distrações? A resposta é simples e direta: organização!

Quando mergulhamos de cabeça em grandes projetos, a organização é tudo. O estudo para concursos não foge à regra.

Ter hora marcada para assistir ao curso, estudar em casa, fazer exercícios e simulados é a principal forma de controlar bem seu tempo. Outra coisa importante é ter uma meta de estudo, pois o ser humano é movido por desafios e é exatamente esse desafio que nos faz grandes. Por isso, a grande máxima: é na subida que a canela engrossa!

Você verá o quanto um plano de estudos bem elaborado pode contribuir para sua aprovação, o quanto uma meta bem elaborada e desafiadora pode aumentar seu rendimento e o quanto conhecer seu "inimigo" pode ser decisivo para sua vitória.

Outro ponto fundamental é ter em mente que poucas pessoas irão apoiá-lo no caminho até sua aprovação. Pelo que tenho vivido, menos de 10% dos alunos possuem apoio familiar.

Você é do tamanho do seu sonho!

Quando falo em apoio familiar, falo em sentido estrito mesmo, ou seja, é o pai ou a mãe que olha para o filho e diz: "Meu filho, estude com afinco e pode ficar tranquilo que estou aqui até você passar!"

Esse tipo de apoio é raro, pois as pessoas demoram a compreender que o caminho mais curto para quem não nasceu com talento é o estudo. Meus caros, a educação muda o mundo e, no Brasil, o art. 37 da Constituição Federal igualou os negros aos brancos, os baixos aos altos, os mais afortunados aos menos afortunados, e colocou regras. Dessa forma, para trabalhar nas Administração Direta e Indireta, o indivíduo obrigatoriamente (com exceções) deve fazer um concurso público.

A consciência da preparação deve levar você a pensar tanto em critérios objetivos – que é o tempo que leva a preparação, a técnica de estudo e o planejamento financeiro – quanto em subjetivos – que dizem respeito ao lado psicológico que vivemos quando decidimos optar por esse projeto.

Mapa da aprovação

Quando estamos iniciando no mundo dos concursos, muitas dúvidas pairam sobre nossas cabeças. O que estudar? Como estudar? Como iniciar? O que fazer para não parar até passar?

Essas são apenas algumas dúvidas, mas saiba que todos os novos projetos de nossas vidas serão recheados de incertezas. A pergunta correta que você deve fazer é: será que é isso mesmo o que quero para minha vida?

Se a resposta for "sim", você fez o melhor investimento ao adquirir este livro. Tenho certeza de que os conceitos e exemplos que compartilho mudarão sua forma de pensar acerca do assunto.

Uma dúvida muito comum que escuto de vários alunos é a possibilidade de somente estudar, ou seja, largar o emprego para se dedicar integralmente aos estudos.

Quando ouço esse tipo de indagação, sempre falo para o aluno que tudo depende da sua situação e de como ele leva a própria vida. Afirmo que é perfeitamente possível passar em um bom concurso e trabalhar ao mesmo tempo.

É lógico que o aluno deverá se dedicar muito, e o tempo médio de preparação aumenta significativamente.

O legal seria que todos se planejassem e já colocassem na cabeça que passar no concurso da sua vida leva um certo tempo de preparação.

Você é do tamanho do seu sonho!

Com esse planejamento, você consegue perfeitamente estudar toda a base de que necessita e, quando houver a sinalização do pedido das vagas, vale largar o emprego e se dedicar ao estudo várias horas por dia.

No entanto, ao decidir abandonar o trabalho para se dedicar integralmente aos estudos, saiba que várias armadilhas irão ficar entre você e o seu sonho.

Para ajudar você que está estudando, vou colocar os apontamentos em tópicos. Assim, ficamos mais efetivos e organizados.

Quando resolver iniciar os estudos, faça um planejamento a longo prazo.	Para exemplificar, vamos fazer um paralelo: quanto tempo você gasta para se formar em uma faculdade? Bem, hoje as opções são muitas, mas, em regra, gastamos de 4 a 5 anos. Quando estamos falando no assunto "concurso público", esse tempo é mais que suficiente para que você alcance com louvor uma vaga no serviço público.
	Assim, tenha metas bem definidas e organize-se na parte financeira e emocional. Feito isso, tudo se resume em uma questão de tempo.
Escolher uma área com que você realmente se identifica.	Gosto muito de trabalhar com alunos que estão se dedicando para área policial e área fiscal. Digo isso porque essas turmas possuem uma química diferente.
	Isso ocorre porque estão em um projeto não somente para resolverem suas vidas financeiras, mas também porque sonham com os cargos.
	Essa parte da história é fundamental. Dessa forma, quando colocamos o coração no projeto e nos dedicamos, tudo fica mais suave.
	Assim, o importante é, desde o início, saber identificar o que você quer pelo resto da sua vida. Afinal das contas, você fica mais de 40 horas semanais dentro do ambiente que foi escolhido por você.

Muito cuidado com as distrações.	Quando decidimos largar tudo e somente estudar, vários são os entraves que entrarão no seu caminho. É incrível como distrações aparecem de todos os lugares: internet, TV, amigos, festas, enfim, nessa fase, toda distração deixará você fora dos seus sonhos. Aprenda com quem esteve na mesma situação que você, ouça os conselhos e não desvie por 1 minuto sequer de seu objetivo.
Tenha paciência, as aprovações virão.	É muito comum o aluno se cobrar mais que o normal. O importante é dar o tempo certo de maturação que o concurso pede. A regra aqui é simples: quanto mais complexa for a área que você escolheu, maior será o seu tempo de preparação. Via de regra, após um ano de estudo, você colherá os primeiros frutos.
Não desvie o foco.	Cuidado para não cair na armadilha do concurso eventual. Concurso eventual é aquele em que você naturalmente acaba passando na trajetória em busca do foco principal. Tenha sempre em mente que muitas aprovações virão quando sua preparação estiver aguçada, mas o foco principal será o concurso que você traçou para sua vida. Algumas decisões dependem somente de nós e são essas mesmas decisões que determinarão nosso futuro. Não tenha medo de errar, tenha medo, sim, de não vencer pela omissão, pelo comodismo. Você pode ser tudo que sempre quis e isso só depende de você e de suas atitudes.

Organização

Quando falamos de organização, estamos nos referimos a um conjunto de regras que serão determinantes para a nossa aprovação. O erro fundamental de muitos concursandos é não pensar na organização como ponto-chave para o sucesso.

Tudo começa com o planejamento de quanto tempo ficaremos estudando firme. O tempo médio para ser aprovado depende de como é sua rotina. Para exemplificar melhor, vou usar dois alunos que permaneceram comigo por tempos diferentes. Assim, você poderá se identificar com os problemas de cada um e perceber como eles fizeram para superar os desafios desse projeto de vida.

O primeiro foi o Giovani Turin. A realidade dele é comum a muitos que estudam com metas bem planejadas. Convivi com ele por dois anos e meio no curso. Ele trabalhava de segunda a sexta o dia todo e, à noite, havia a necessidade de se deslocar 70 quilômetros para chegar ao AlfaCon.

Inicialmente, ele se preparava para o concurso do INSS. Ele seguia as instruções de forma moderada. Fazia a turma regular, exercícios e simulados, mas errava em um ponto-chave: ele insistia em diversificar o material de estudo.

Resultado dessa empreitada: não passou nesse concurso. Mas como a ideia universal é ser reprovado e a exceção é passar, ele continuou firme, só que mudou radicalmente seu projeto.

O desafio escolhido foi o concurso da Polícia Federal. Passamos o ano de 2012 de uma forma muita intensa e o foco era o concurso de Agente da Polícia Federal, que tinha saído no mês de março daquele ano.

Naquele ano, o curso virou uma loucura. Tínhamos aula de segunda a sexta, aos sábados inteiro e os domingos eram reservados para os simulados.

O Giovani tinha uma rotina bem rígida. Apesar de trabalhar todo o dia, ele tinha a obrigação de estudar fora do curso e tinha metas de horário bem definidas. Outra coisa importante é que ele não faltava às aulas e estava sempre muito atento, fazendo todas as anotações que achava pertinente para resolução de questões.

Quando o edital saiu, reforçamos as aulas com foco em conteúdo e resolução de muitos exercícios e íamos cercando o edital dia a dia, semana a semana, mês a mês até o dia da prova.

O desempenho dele era fenomenal, mesmo ele tendo que trabalhar, estudar em casa e frequentar as aulas.

Contudo, ele tinha um problema crítico, e eu vivia dizendo a ele que aquilo ia acabar dando errado. Ele tinha a mania irritante de estudar por vários lugares, ou seja, ao mesmo tempo em que fazia o curso conosco de forma intensa, ele queria pegar algumas matérias em cursos na internet. Isso para mim é um erro fatal. Por quê?

Porque eu dava aula de Direito Administrativo e passava as coordenadas de uma forma e com uma técnica voltada para a banca Cespe/UnB – que era a banca examinadora do concurso. Certo dia, eu o vi saindo da minha aula com um tablet na mão e assistindo ao mesmo conteúdo em uma videoaula de um outro curso.

Como sempre fui patriarcal, cheguei à casa e fui procurar a fonte para ver se era confiável, e o que eu vi foi uma enxurrada de conteúdos conflitantes com a minha aula. Naquele momento, vi que ele acabaria se perdendo ou mesmo se confundindo no dia da prova.

Você é do tamanho do seu sonho!

Por mais que eu falasse, por mais que eu brigasse, a coisa parecia simplesmente não andar! Tudo bem, o dia do concurso chegou e ele foi confiante fazer a prova, resultado: ficou fora da classificação e da vaga por apenas 1 ponto, isso mesmo, ele fez 61 pontos e classificava-se com 62 pontos.

Mas tudo bem, nada mais que uma nova regra. Naquele ano, tivemos muitos alunos aprovados e, após o resultado, vários alunos se reuniram em uma sala para que pudéssemos gravar os depoimentos. Naquele dia vi meninos e meninas que foram amigos por anos em situações totalmente opostas.

De um lado, a alegria de saber que tudo tinha dado certo, que a esperança de uma nova vida empolgante estava se concretizando e que aquela fase de sofrimento tinha acabado.

De outro lado, meninos e meninas desolados por mais um fracasso e com a sensação de que teriam que recomeçar, levantar a cabeça e seguir em frente.

O ano passou e, com ele, o fracasso ficou para trás. No meio de 2012, saiu o edital de escrivão da Polícia Federal. As esperanças se renovaram, mas algo estava diferente, pois agora o Giovani me ouvia e seguia fielmente os passos determinados!

Uma coisa inesperada aconteceu: a suspensão do concurso por ordem judicial. Lembro-me do discurso que usei no dia em que saiu a suspensão.

Entrei em sala de aula e disse que aquela era uma grande oportunidade de superarmos o restante do Brasil, pois, quando ocorre essa situação, a tendência é um desânimo total e, consequentemente, o despreparo de quem estava firme no concurso.

Tínhamos uma turma homogênea e enveredada para um só caminho, que era a preparação para aquele concurso. No decorrer do ano, mais dois editais da mesma área saíram.

Tivemos o concurso para Agente Penitenciário Federal e para Polícia Rodoviária Federal. Montei um planejamento para os três concursos, visto que o conteúdo era 95% compatível para todos e, ainda por cima, com a mesma banca examinadora.

Foi uma época mágica, pois estudávamos de domingo a domingo e nos organizávamos para bater um concurso por vez.

Resultado: mesmo trabalhando todos os dias, Giovani conseguiu seguir as regras e aproveitou cada momento para fazer a diferença. Assim, dos três concursos, ele passou em dois, ou seja, detonou na Polícia Federal e na Polícia Rodoviária Federal, ficando reprovado para Agente Penitenciário Federal na prova de redação. O detalhe aqui é que a nota dele na prova objetiva para agente penitenciário foi a maior do Brasil, mas tudo bem, o que realmente importa é que ele hoje é escrivão de Polícia Federal do Brasil e está realizado.

O segundo relato é de John Nandi. Ele tinha uma vantagem significativa, pois não trabalhava e se dedicava exclusivamente aos estudos. Costumo classificar esse tipo de aluno não como concursando, mas, sim, como concurseiro, pois ele faz da preparação para concursos seu trabalho diário.

A rotina dele era determinada pelo modo como ele resolveu seguir a vida. Agrônomo formado e com o sonho de ser Policial Federal, chegou até mim por um outro aluno que já estudava conosco.

Teve pouco tempo de preparação para o concurso de agente da Polícia Federal, mas sua nota nesse concurso foi satisfatória em relação ao seu tempo de estudo.

Para o concurso de Escrivão, ele estava com dedicação intensa e exclusiva. Esse aqui era obediente ao extremo e seguia o plano de estudo à risca.

Ele ia religiosamente ao curso todas as noites. Seu ritmo de estudo era diferente, pois ele estudava nas madrugadas e acordava por volta de meio-dia. Depois disso, ia à academia para treinar a parte física e reservava a segunda-feira, na parte da tarde, para estudar.

Você é do tamanho do seu sonho!

Os dias e os meses foram se passando e os editais saíram. Para o primeiro concurso – que foi o de escrivão da Polícia Federal –, tivemos que mudar o ritmo de estudo dele, uma vez que a prova do concurso seria na parte da manhã e não dava para manter a rotina. Imagine ele, que estudava há mais de um ano nas madrugadas e acordava ao meio-dia, tendo que fazer uma prova às oito da manhã. Com certeza daria problema!

Dos três concursos, o único em que ele foi aprovado foi o de Escrivão, e a nota que ele conseguiu o deixou bem fora das vagas. A única chance de melhorar um pouco a classificação foi a possibilidade do recurso na prova de redação, para isso, demos apoio e suporte técnico.

A banca examinadora cedeu ao recurso, a nota dele subiu um pouco e foi isso que o deixou mais próximo das vagas.

Quando saiu a convocação para o curso de formação, o nome dele não estava na lista, pois ele era o 16º excedente. Na mesma hora, disse a ele para viajar para Brasília, pois era certo que alguns desistiriam e a Polícia Federal sempre fazia segunda chamada.

Sempre obediente, ele partiu para Brasília e, apenas uma semana após a primeira convocação, ele me mandou uma mensagem dizendo: "Meu brother, saiu minha convocação, você estava certo."

Conclusão: os dois amigos, cada qual com sua realidade, conseguiram chegar a seus objetivos. Assim, não importa se você trabalha o dia todo ou se você está se dedicando exclusivamente ao concurso. O que importa na realidade é a meta que você planejou para sua vida. O Giovani levou dois anos e meio para passar; o John, um ano e meio.

O importante aqui é ter em mente que você tem que assumir a sua realidade e tentar ao máximo se espelhar em pessoas que tiveram sucesso por meio do trabalho duro e de muita dedicação.

SER SIMPLES É SER ORGANIZADO; ESTAR ORGANIZADO É SER SIMPLES; SER SIMPLES É TER SUCESSO!

Plano de estudos - o grande segredo

Comecei a estudar em 1998 e tive muitas derrotas por falta de organização e técnica de estudo. Nessa época, estudava sem ter noção do certo ou do errado e, quanto mais eu estudava, pior eu ia nas provas.

Em evento, Evandro ensina como estudar para concursos.

Isso se justificava pela forma errada com que eu tratava o assunto "concurso público". Eu tinha um parâmetro completamente errado, ou seja, eu queria "zerar" uma matéria e somente depois ir para outra. Esse erro é primário e devastador.

Você é do tamanho do seu sonho!

Imagine que você esteja estudando as seis matérias básicas (Língua Portuguesa, Informática, Raciocínio Lógico-matemático, Conhecimentos Gerais, Direito Constitucional e Direito Administrativo). Como alguém que está começando, você considera estudar todo o conteúdo de uma matéria para somente depois passar para outra. Se fizer isso, você irá demorar, na média, uns três meses para acabar o conteúdo da primeira. Agora, pense em como seria esse planejamento para seis matérias, ou seja, seis matérias vezes três meses para cada.

Isso vai inviabilizar por completo seu estudo, porque, somente depois de dezoito meses, você vai rever a primeira matéria. Assim, esse erro não pode acontecer jamais. O certo é rodar todas as matérias, ou seja, manter constância e repetição.

E o que é rodar as matérias? Rodar as matérias significa estudá-las de forma regular e cíclica. Isso vai ficar muito visível no exemplo que colocarei a seguir.

Vamos aos passos fundamentais para elaborar o plano de estudo, lembrando que você poderá adaptá-lo de acordo com sua necessidade.

Passo 1: reconhecimento

Na hora de montar um plano de estudo, temos que ter em mente duas coisas básicas:

1. Saber a área de atuação a que iremos nos dedicar.
2. Tempo médio que temos até a prova.

Saber a área é fundamental, pois é por meio dessa técnica que vamos escolher as matérias corretas. Caso você não tenha ideia do concurso que quer fazer, mas já quer começar a estudar, fique com as seis matérias básicas.

Quando falo em tempo médio, falo nas fases que temos até que o edital saia. O certo é começar a estudar antes de o edital sair, esse sim é o primeiro acerto do concurseiro.

Plano de estudos – o grande segredo

Na prática, temos a seguinte sequência:

» O art. 37, inciso II, da Constituição Federal, determina a obrigatoriedade de concurso público para toda Administração Pública, ou seja, mais cedo ou mais tarde o concurso virá.

» O pedido no Ministério do Planejamento. Estou usando o exemplo do que ocorre no Governo Federal, mas a sequência é a mesma para todas as demais unidades da federação. Cria-se a lei com o número de vagas e o pedido segue para a aprovação do Ministério (MPOG).

» A autorização. O chefe do órgão (MPOG) autoriza o concurso e, em média, temos seis meses até a saída do edital.

» O edital. Quando sai o edital, temos em média 60 dias para a prova.

O primeiro passo é saber qual o concurso você quer fazer e saber a periodicidade com que ele sai. A seguir, vou dividir as áreas e descrever a tendência desses concursos.

» **Área policial:** nessa área, temos concursos anuais. A grade de matérias é muito parecida em todos os concursos e os editais são cerca de 80% compatíveis. Resultado disso: você não se preparará para um concurso, mas para vários. Basta ajustar o plano de estudo para o concurso do momento. São exemplos para essa área os concursos para Polícia Federal (PF), Polícia Rodoviária Federal (PRF), Agente Penitenciário Federal (Depen), Polícia Civil do DF (PCDF) e Polícia Civil dos estados (PC).

» **Área de tribunais:** essa área possui uma variedade enorme de opções, pois cada tribunal é dividido em várias regiões. Por exemplo, em um mesmo ano você pode fazer vários concursos para o Tribunal Regional do Trabalho (TRT). Assim, o certo é escolher uma grade de matéria que englobe pelo menos 80% dos editais e se ajeitar com as demais assim que o edital sair, mas isso se não houver uma previsibilidade mais real. São exemplos de concursos: Tribunal Regional do Trabalho (TRT), Tribunal Regional Eleitoral (TRE), Tribunal Regional Federal (TRF), Tribunal de Justiça dos estados (TJ).

» **Área fiscal:** esta é considerada a área mais complexa, pois o conjunto de matérias é o mais pesado de todos. Os exemplos mais conhecidos são Auditor da Receita Federal do Brasil e Analista da Receita Federal do Brasil. Contudo, concursos estaduais são extremamente concorridos, como, por exemplo, o ICMS ou a Comissão de Valores Mobiliários (CVM).

» **Área administrativa:** aqui usamos a técnica de exclusão, ou seja, se não está nas áreas acima, está aqui. São várias as opções, como INSS, MPU, bancos, Correios etc.

Cada uma dessas áreas de atuação possui características e isso você tem que levar em conta. Quanto ao tempo médio de estudo, podemos classificar em três grandes grupos, mas, para simplificar, colocarei em esquema:

» Concursos que exigem muito tempo de estudo.

O tempo médio aqui vai variar da base que o aluno já teve em sua vida escolar e da dedicação de que está disposto a desprender. Dificilmente você verá alguém se dar bem aqui antes de três anos de estudo intenso. É muito comum a preparação levar em média entre três e cinco anos, podendo, em alguns casos, ultrapassar em muito esse tempo. O concurso mais famoso é auditor da Receita Federal, ou seja, a área fiscal fica nesse grau de complexidade.

» Concursos que exigem um certo tempo de estudo.

São os concursos mais disputados, ou seja, englobamos aqui uma grande massa de concursandos. A área policial e a área de tribunais estão nesse nível. Em média, entre um e três anos, o candidato que se dedicar intensamente terá sua vaga garantida.

» Concursos que exigem pouco tempo de estudo.

São concursos com carga menor de conteúdo e que demandam menos tempo de preparação. Os concurseiros profissionais os chamam de "concursos pé no chão", ou seja, entra-se para garantir uma renda e, logo depois, passa-se em um melhor. Isso se dá pelo valor baixo das remunerações ou dos salários empregados. Por exemplo, os concursos de banco e outros de órgãos federais e estaduais. O concurseiro que se prepara de forma adequada já consegue suas aprovações ainda no primeiro ano de estudo.

Assim, ache sua área de atuação, mas entenda que pouco tempo de estudo trará pouca recompensa financeira. Para se preparar melhor, você levará mais tempo, mas sua recompensa será maior. É o velho ditado: é a quantidade de esforço que determinará seu sucesso!

Passo 2: divisão

O segundo passo é a escolha do conteúdo que você vai estudar. Na prática, você deve se basear nos basear no edital anterior. Assim, escolha uma área e intitule as matérias. Vou usar dois exemplos:

» o primeiro do aluno que não sabe o que quer estudar, mas quer começar imediatamente (usaremos as matérias básicas);

» o segundo é do aluno que sabe o que quer fazer da vida. Assim, usarei como exemplo a área policial (quem estiver pensando em ir para outra área é só seguir os passos e adaptar a sua realidade).

Separando os conteúdos

» Matérias básicas: Língua Portuguesa, Informática, Raciocínio Lógico-Matemático, Conhecimentos Gerais, Direito Administrativo e Direito Constitucional.

» Área policial: Língua Portuguesa, Informática, RLM, Conhecimentos Gerais, Direito Administrativo, Direito Constitucional, Direito Penal, Direito Processual Penal, Legislação Especial.

Você é do tamanho do seu sonho!

Observação: essa área tem uma peculiaridade interessante. As nove matérias que relacionei acima são comuns a todos os concursos (cerca de 80% do conteúdo) e temos que ir adaptando as matérias específicas para os concursos do momento. Mas o que chamaremos de concurso do momento?

Concurso do momento é o que está mais próximo. Por exemplo: imagine que temos a autorização para agente da Polícia Federal, assim, este será o primeiro a sair. Dessa forma, colocaremos no plano de estudo as matérias específicas desse concurso, que são: Contabilidade, Administração Financeira e Orçamentária, Economia e Administração.

Assim que a fase desse concurso passar, retiramos as matérias específicas e nos dedicamos ao próximo concurso do momento. Por exemplo, imagine que o concurso da PRF esteja prestes a sair. Caso isso ocorra, retiramos as matérias específicas e incluímos Legislação de Trânsito no estudo. Esse sistema se aplica a todos os concursos dessa área, mas sempre com foco total nas nove matérias que incluem nosso campo de atuação.

Passo 3: separação

A construção da tabela de estudos é fundamental. Ela deve ser feita de forma simples, porque estudar é a arte de simplicidade misturada a paciência, perseverança, motivação e técnica.

Daqui para frente, desenvolveremos juntos a tabela de estudos e você verá que tiraremos as dúvidas passo a passo. Usarei como referência a área policial e você poderá adaptá-la para sua realidade de estudo, sua área e seu tempo disponível.

Separando o conteúdo: vá ao edital anterior e separe todas as matérias e os conteúdos. Lembre-se de que não adianta estudar algo que está fora do edital ou mesmo ir além da complexidade que a prova pede.

As maiores batalhas foram vencidas, porque, antes da luta, os melhores guerreiros treinavam até a exaustão. Aqui trago uma frase que já é praticamente senso comum: treino difícil, combate fácil!

Tabela de estudos

Neste capítulo, explicarei como montar uma tabela de estudos e o porquê disso. Uma tabela de estudos é uma ferramenta indispensável para maximizar o estudo do concurseiro.

Quem nunca teve aquela sensação de não saber o que vai estudar no dia? Assim, o aluno pega qualquer livro de uma matéria e sai folheando sem critério algum. E é aí que o plano de estudo entra.

Temos a mania de estudar o que sabemos mais, porque é mais simples relembrar o que já dominamos, e estudar menos o que sabemos menos. Diante disso, o plano de estudo é a salvação para o concurseiro desorganizado. Diga-se de passagem: 99% dos concursandos são extremamente desorganizados.

A primeira coisa que você precisa fazer antes de começar a seguir um plano de estudo é saber que ele será dividido em quatro fases, e que demandará um pouco do seu tempo livre, se é que você tem algum: se você for concurseiro de verdade, já deve ter todo o tempo comprometido com o estudo!

Você é do tamanho do seu sonho!

Tempo	2 horas	2 horas	2 horas	2 horas	2 horas	2 horas
Fase 1	Língua Portuguesa	RLM	Direito Administrativo	Direito Constitucional	Direito Previdenciário	Informática
Fase 2	Língua Portuguesa	RLM	Direito Administrativo	Direito Constitucional	Língua Portuguesa	Direito Previdenciário
Fase 3	Língua Portuguesa	RLM	Direito Administrativo	Direito Constitucional	Direito Previdenciário	Informática
Fase 4	Língua Portuguesa	RLM	Direito Administrativo	Direito Constitucional	Língua Portuguesa	Direito Previdenciário

A tabela funciona da seguinte forma: a primeira linha marca as horas que você deve estudar cada matéria, enquanto a primeira coluna marca as fases. Você deve começar a estudar a primeira fase e ir passando, até chegar na última fase. Separamos as matérias de forma que você estude pelo menos duas matérias por dia.

Por que duas matérias por dia? Estudam-se duas matérias por dia porque, em um planejamento como do INSS, a cada quatro dias você revê a matéria. Dessa forma, o que foi estudado está sendo sempre relembrado. Nesse sistema, o ciclo de estudo se renova toda semana; você estuda, e o que foi aprendido não sai da cabeça.

Outro fator positivo é que você estuda todas as matérias e pode colocar uma carga em matérias que têm peso maior. A tabela que apresentei tem como carga total 48 horas. Assim, você estuda e pode voltar até completar o edital. Vou postar aqui a quantidade de horas de estudo por ciclo.

Matérias básicas	Total de horas estudadas por ciclo
Língua Portuguesa	
RLM	
Conhecimentos Gerais	
Informática	
Matérias Específicas	
Direito Administrativo	
Direito Constitucional	
Direito Previdenciário	

Nessa tabela anterior, que montei para o concurso do INSS, a cada ciclo completo de 48 horas, o concurseiro estuda as matérias ali descritas. Programei mais horas para Língua Portuguesa, pois é a matéria que tem mais peso. Assim, pode-se aumentar a carga das disciplinas em que há mais dificuldade e diminuir a carga das matérias que mais se domina.

O importante é respeitar a carga horária. Imagine que você comece a estudar na segunda-feira. Separe o material de estudo e comece. Quando forem completadas as duas horas de estudo, pare imediatamente e passe para RLM. Marque onde parou para poder começar de novo quando a tabela alcançar novamente o Português. Faça isso com todas as matérias até chegar ao fim do ciclo. Depois disso, analise se está a contento, faça as alterações que achar necessárias na carga horária e comece tudo de novo.

Lembre-se: estudar é continuidade, não podemos ser peritos em uma matéria e leigos em outras. Os concursos querem os medianos em todas as matérias.

Repare que aproveito as matérias complementares e coloco-as juntas. Direito Constitucional deve ser estudado com Direito Administrativo, pois, ao estudar uma, estuda-se a outra também.

Horário	Rotina
06:00	Acorda
06:45	Começa a estudar
09:00	Intervalo
09:15	Volta a estudar
12:00	Almoça
13:00	Começa a estudar
15:00	Intervalo
15:15	Volta a estudar
17:50	Termina o estudo em casa
18:20	Academia
19:00	Sai da academia
19:15	Entra no cursinho
22:45	Sai do cursinho
23:30	Vai dormir

A tabelinha anterior pode ser seguida por quem tem o dia todo livre para estudar. Organização é tudo! Se o concurseiro seguir esses passos por um prazo de 6 meses a 3 anos, pode ter certeza de que passará em qualquer concurso público. Agora, uma coisa é fato: muita gente não pode seguir esse ritmo, pois as tarefas do dia simplesmente impedem. Assim, a palavra de ordem é "adaptar-se à realidade". Quem trabalha logicamente não terá todo esse tempo, mas, com um pouco de jeito e paciência, todos que se dedicarem terão seu lugar ao sol.

Não podemos esquecer que os exercícios são importantes. Reserve horários específicos só para resolução de questões da banca examinadora.

Esse método é muito funcional e, ao contrário do que muita gente pensa, ele dá um rumo ao concurseiro. Ser organizado é chegar mais cedo à aprovação. Tenha em mente que um planejamento deve ser feito de médio a longo prazo e que, para dar certo, demoramos um pouco a "pegar o jeito" de estudar, mas, depois que embalamos, não paramos mais. Tanto é verdade que os verdadeiros concurseiros passam em vários concursos públicos. O perfeito é ter continuidade nos estudos e não ficar ansioso pela publicação do edital. Esqueça o edital e vá estudando, pois, quando ele sair, você estará no topo da cadeia alimentar e irá engolir os concorrentes.

Não é quantidade de horas que você estuda que vai determinar seu sucesso. O que realmente importa é a qualidade do estudo. Não se engane com a falsa percepção de que está estudando o dia todo. Assim, mais valem 4 horas cronometradas de estudo do que 10 horas completamente mal aproveitadas. Cronometre seu tempo de estudo sempre. Assim, suas metas e seus objetivos serão alcançados antes mesmo do que você imagina!

Desvendando as bancas

Cada banca organizadora de concurso possui um estilo, uma forma específica de elaborar as provas. Essas mesmas bancas são responsáveis pela elaboração, divulgação e organização de seleções públicas. Além disso, contam com equipe de professores permanentes ou contratados apenas para elaborar as questões.

Essas bancas também analisam e julgam os recursos. Ao conhecer as características de cada banca, o passo seguinte é organizar e planejar os estudos. Uma boa dica é realizar provas anteriores relativas ao concurso escolhido.

Conhecer as bancas é uma ferramenta da qual você não pode abrir mão!

O Centro de Seleção e Promoção de Eventos da Universidade de Brasília, ou simplesmente Cespe/UnB, é a banca organizadora mais conhecida e que teoricamente elabora as melhores provas de concursos.

As questões seguem o padrão "certo" ou "errado" e uma questão errada anula uma questão certa. Esse é o chamado fator de correção.

Em algumas provas elaboradas pela banca, podem ocorrer questões de múltipla escolha, mas a forma padrão é a mais utilizada.

Nos últimos anos, a nota de corte para os concursos da Polícia Federal, por exemplo, subiu consideravelmente. Em 2004, a nota de corte para Agente da Polícia Federal foi de 50 pontos para o candidato ter direito a ser chamado para exames físicos, médicos e psicotécnicos. Já no concurso de 2009, a nota de corte subiu para 74 pontos na prova de Agente; e 76 pontos, para as provas de Escrivão. Isso mostra que o estudo para os concursos da Polícia Federal se profissionalizou.

O nível das questões alterna de concurso para concurso, mas sempre respeita as normas do edital. Isso é verdadeiro quando vemos que, em 2013, a nota de corte da Polícia Federal baixou novamente para 62 pontos. Essa variação mostra que a banca é mais esperta do que podemos imaginar e que o concurseiro de verdade não pode jamais esmorecer nos estudos.

O mais importante nas provas do CESPE/UnB é o candidato ter em mente que erros simples podem significar a classificação ou a desclassificação, porque, a cada questão errada, o candidato perde, na prática, 2 pontos. Vejamos:

Imagine que o candidato tenha feito 100 questões, deixado 20 em branco e que tenha errado 25 questões. Caso isso ocorra, fica assim o cálculo:

- questões efetivamente feitas = 100.
- questões em branco = 20 (aqui não recebe penalidade).
- questões erradas = 25.
- 100 (questões feitas) – 25 (questões erradas). Pontuação = 75 – 25 (pena por ter errado as 25.

Lembre-se de que, além de perder as erradas, você perde ainda uma para cada uma que errou.

- Pontuação líquida a ser considerada = 50 pontos!

Agora, imagine se o candidato conseguir recuperar 10 questões das que efetivamente errou somente com aplicação de mais atenção, o que ocorrerá?

Você é do tamanho do seu sonho!

Tirando 10 questões erradas, o cálculo ficaria assim:

» questões feitas 100 – as questões erradas (15).
» Pontuação líquida = 70 pontos.

Com esses 70 pontos, o candidato tem grandes chances de entrar.

Muitos candidatos estão bem preparados, mas o que faz efetivamente a diferença na hora da prova é a atenção. Controlar o tempo também é muito importante, já que a prova possui uma redação e não podemos esquecer o tempo para a marcação do gabarito definitivo.

Por fim, deixo uma frase que me norteou desde o primeiro concurso que fiz para a Polícia Federal de 2000.

O insucesso é apenas uma boa oportunidade para começar de novo com mais determinação!

Teoria do chute consciente

Essa teoria do chute é bem fácil de qualquer pessoa entender. A banca Cespe/UnB tem um padrão conhecido quando falamos do formato "certo" ou "errado", em que uma errada anula uma certa.

1. Para que o chute consciente funcione, temos que ter alguns princípios em mente, que passo a enumerar agora:
2. Para que a técnica funcione, você tem que estar bem preparado para o concurso. A proposta não é você passar no concurso chutando, muito pelo contrário; a ideia fundamental aqui é ganhar alguns pontos que podem ser decisivos para sua aprovação.

   A banca é clássica. Assim, de 120 questões, ela divide bem entre certo ou errado e isso com pouquíssimas variações. Por exemplo: se temos 120 questões, a regra é que 60 venham erradas e 60 certas (mas pode ocorrer variação, por exemplo, 56 corretas e 64 erradas).

Não dá para deixar muitas questões em branco, pois as notas de corte costumam vir em um patamar alto. Se você abandonar muitas questões com medo de ser apenado, será reprovado de qualquer forma.

Vou exemplificar: imagine que a nota de corte fique na casa dos 62 pontos líquidos (diga-se de passagem, uma nota de corte baixa). Agora, imagine que você faça 90 questões e deixe 30 em branco. Se você fizer isso, em 99% dos casos estará reprovado. Sabe por quê?

Porque os melhores alunos, os mais bem preparados, costumam errar, em média, 15% das questões que fazem, isso é normal. Arredondando, teremos aí uns 15 erros dentro de um universo de 90 questões efetivamente feitas, ou seja, você fará a seguinte conta: fiz 90 questões e errei 15, assim, são 75 acertos e 15 erros. Só que, para cada questão errada, você terá que perder uma que acertou, assim, ficamos no final com 60 pontos! Essa pontuação não seria suficiente para você se classificar, levando-se em conta a nota de corte de 62 pontos.

3. Para chutar, você terá que contar as questões certas e as erradas e confiar que a banca irá seguir o padrão comum (ela sempre segue). Imagine que, ao contar, você encontre a seguinte situação:

Situação 1: das 90 questões feitas, você encontrou 35 questões erradas e 55 questões certas. Aqui, pode confiar e chutar todas as outras no errado. Não estou dizendo que você vai ganhar todos os pontos. Nem de longe é isso que estou dizendo! Mas, se você fez uma boa prova, ganhará entre 2 e 8 pontos, ou seja, no nosso exemplo hipotético, você se classificaria e, se der sorte (sorte ocorre quando a preparação encontra a oportunidade), subirá várias posições em sua classificação.

Situação 2: aqui é de doer. Você faz toda a prova e, quando pega as 90 questões, acha 45 certas e 45 erradas. O que fazer?

Aqui não tem como chutar, aí é saber que não dá para deixar aquela quantidade em branco. O jeito é ir fundo e tentar fazer outras até deixar uma margem em branco que não ultrapasse 10% da prova.

Essa técnica foi testada por mim e fui aprovado em vários concursos com ela, inclusive na Polícia Federal de 2009 para o cargo de Escrivão. Nesse concurso, ganhei 8 pontos e fiz 83 pontos líquidos, sendo que a nota de corte foi 78. Ou seja, na prática, se eu não chutasse, ficaria com 75 pontos líquidos e nem ao menos me classificaria. Assim, chutando, além de passar, fiquei em 40º nacional na primeira contagem. Fora isso, centenas de alunos meus fizeram e conseguiram sua vaga no concurso público.

A importância dos simulados

O simulado é a reta final de uma história de preparação e, sem ele, a saga em busca da aprovação nos concursos públicos fica muito complicada.

Diante disso, frases prontas do tipo "Jogo é jogo, treino é treino, mas sem treinar ninguém joga bem!" fazem todo o sentido diante da necessidade dessa ferramenta. Pensando nisso, vou apresentar as fases pelas quais o concurseiro passa até chegar à aprovação e, no final, darei os objetivos do simulado.

Então, prepare-se! Essa parte representará uma prévia da viagem que você fará até a tão sonhada aprovação no concurso público.

Fase 1 – Início da preparação: aqui tudo é lindo

Quem começa a estudar está cheio de gás. Assim, é fácil motivar esse aluno, pois ele ainda não sabe o que o espera. Costumo dizer que o difícil não é motivar o novo e, sim, o aluno antigo, pois o antigo está cansado de tomar pancadas. Sabe aquele primeiro dia de estudo? Então, prepare-se, pois esse é o único dia "feliz e tranquilo" de sua saga.

Fase 2 – Aprendendo a estudar

Nessa segunda fase, o cursinho é fundamental, pois aqui ensinamos os alunos a se organizarem com o material e damos o "caminho das pedras". Dar o "caminho das pedras" é apresentar ao aluno bancas examinadoras, seleção de exercícios, tópicos mais importantes e tudo mais o que for relevante para uma preparação eficaz.

Você é do tamanho do seu sonho!

Fase 3 – O erro inicial

O fundamental é o aluno entender que o mais importante é estudar mais as matérias que menos sabe. Temos a tendência de querer estudar muito mais o que já sabemos bem, mas o concurso é feito para o candidato que está preparado em todas as matérias. Conhecer uma matéria só transforma você em um bom professor, mas pode ter certeza de que não vai ajudar você a ser aprovado em concursos.

Fase 4 – Aprendendo a fazer exercícios de acordo com a banca examinadora

Não adianta estudar se você não praticar. Tente fazer o máximo de exercícios que puder, mas se lembre: foque em uma banca examinadora. Vou dar exemplos distintos.

A Cespe/UnB tem uma formatação específica, e os professores ajudarão você a identificar os erros das questões.

A FCC, no caso das disciplinas de Direito, é uma banca que cobra, em boa parte da prova, muito texto de lei, apesar de essa tendência estar se modificando.

Assim, seja como for, exercícios são fundamentais. Fica a dica: procure um cursinho que dê a você suporte de exercícios. O aluno não tem tempo de ficar em casa baixando, formatando e depois tentando – sem apoio – resolver as questões. Isso é fato.

Fase 5 – Simulados – A grande jogada

Qualquer explicação em metáforas fica de melhor entendimento. Por isso, considere a seguinte situação hipotética.

Você faz parte de um time de futebol e, no domingo, é o goleiro. Nesse dia, tomou uns frangos inimagináveis.

E se fosse possível ver o jogo antes de ele mesmo começar? Pense que, com o auxílio de profissionais, pudessem ser previstas todas as jogadas dos atacantes e se antecipar, evitando, assim, vários frangos previsíveis! Então, essa é a lógica dos concursos públicos.

A importância dos simulados

Se você pode fazer vários concursos simulados, por que desperdiçar essa chance? Simulados foram feitos para simular o dia da prova.

Engana-se quem acha que o simulado serve para medir conhecimento. Este é o último quesito. Vou colocar uma lista de vantagens do simulado. Se você é igual a mim, e quer se antecipar ao perigo, não perca essa oportunidade.

Lista de vantagens do simulado

- Auxilia o entendimento do funcionamento da prova.
- O aluno tem noção real do tempo de prova.
- Treina o aluno a marcar corretamente o gabarito definitivo.
- Melhora o momento de feitura da redação.
- Treina o controle do tempo e do nervosismo.
- Ajuda a descobrir suas dificuldades enquanto você faz o simulado. Isso é muito melhor do que as descobrir quando está fazendo o concurso de verdade.
- Ao conferir o gabarito, dá para ter uma noção daquilo que é mais importante estudar, daquilo para que é preciso dar mais atenção ou se o grande problema da prova está na falta de concentração.
- Para muitos, ter uma posição qualquer no ranking do curso não é muito estimulante, mas os concurseiros precisam enxergar o simulado com outros olhos. Não é ele quem vai dizer se sua aprovação no concurso é garantida ou não. Pelo contrário, sua função é apontar para o aluno seus pontos fortes e, principalmente, os fracos.

O segredo para o sucesso é manter o foco e treinar bastante. Com o concurso, não é diferente. Para treinar, nada melhor do que usar os simulados como aliados. Quem acredita que o simulado não adianta nada na preparação do concurso, além de estar completamente enganado, está tirando de si uma oportunidade única de melhorar o autoconhecimento.

A palavra mais importante do dicionário

Sei que, ao ler o título deste capítulo, você já se antecipou e criou – por si só – a resposta. Contudo, o título não representa uma pergunta, tampouco foi escrito para causar controvérsia, pois sei que muitos não concordarão com o ponto de vista que será descrito a seguir.

Quando entramos em qualquer projeto que pode mudar nossa vida, tendemos a criar expectativas, planos e ficamos por vezes com uma ansiedade fora do normal para que tudo aconteça rapidamente.

Pronto: se você está sentindo isso agora, é porque o seu fracasso está iminente! Por que isso?

A resposta é mais simples do que você pode imaginar. Quando planejamos um projeto de vida, temos que ter em mente alguns cuidados simples.

Em primeiro lugar, devemos trocar o imediatismo pela paciência. Já reparou que tudo que vem muito rápido mostra-se menos interessante do que você pensava?

Em segundo lugar, temos que ter fé, pensar em Deus e orar a Ele todos os dias. É preciso pedir muito a Deus para ter saúde e força para conseguir vencer os desafios do dia a dia.

A palavra mais importante do dicionário

Jamais peça algo material nem peça para vencer! Tenha em mente que, quanto à competência do homem, Deus não moverá uma palha!

Esses dois passos são fundamentais para que você conquiste não só o concurso que mudará sua vida, mas tudo o que sempre sonhou.

Imagino que você esteja curioso e continue lendo este texto somente para saber qual é a palavra mais importante do dicionário, certo? Então, já estamos treinando a primeira regra, ou seja, ter paciência!

Quando decidimos entrar no universo dos concursos, temos que fazer planejamentos sensatos e estabelecer metas alcançáveis, ou simplesmente não conseguiremos continuar.

Sempre oriento meus alunos a não apostarem suas fichas em um determinado concurso. Nunca pense em "qual" concurso passar, mas no "quando" passar. Sei que muitos sonham com determinados cargos e isso é muito bom. Contudo, devemos nos planejar de acordo com as metas que traçamos.

Vou exemplificar. Se você almeja passar em um concurso a curto prazo – quando falo de curto prazo, penso em uma preparação que leva em média seis meses –, tenha em mente que essa vaga pagará pouco e não suprirá 100% de suas necessidades, mas tudo bem. Em alguns casos, esse tipo de concurso serve como "trampolim" para cargos melhores.

No entanto, se você pensar grande e já apostar no concurso que trará estabilidade para a sua vida, o planejamento deve ser feito a médio e longo prazos, ou seja, você deve pensar em "anos" e não em "meses" de estudos.

A comparação aqui é simples: a pessoa fica cinco anos em uma faculdade e, quando sai com o diploma, simplesmente não tem garantia de nada. Por outro lado, caso resolva estudar para concursos por cinco anos, com toda certeza estará garantida para o resto da vida.

Agora, já se perguntou por que a faculdade passa tão rápido e o estudo para concursos parece simplesmente não ter fim? É, essa resposta ficará para depois. Lembre-se de que estamos treinando a primeira regra, ou seja, paciência.

Você é do tamanho do seu sonho!

Pensar pequeno ou pensar grande dá exatamente o mesmo trabalho.

Assim aconselho você a pensar sempre grande, fazer planos de longo prazo, preparar-se para um sofrimento intenso e criar na cabeça a perspectiva de uma vitória única. Um dia você vai ser feliz, mas, antes disso, vai sofrer muito.

A segunda regra, e posso afirmar com toda certeza que é a mais importante, é ter fé. Ter fé é acreditar naquilo que não se vê. Acreditar em Deus e pedir muita saúde e força para continuar é um passo fundamental para o seu sucesso, mas cuidado!

A competência de Deus é manter você forte frente aos desafios e acreditar com força na sua vitória. Mesmo que você não acredite nEle, Ele acredita em você, e milagres e bênçãos acontecerão aos montes para aqueles que creem.

Sua competência é você quem faz, o que inclui suas horas de dedicação, devoção e luta por um futuro melhor. Isso quem faz é somente você. No final, aqui na Terra, somos somente nós e nossos sonhos.

Para ser simples e objetivo: a **esperança** a palavra mais importante do dicionário, pois é ela que nos move.

Bem, posso chegar aqui e compartilhar como vejo muitos alunos fazerem. Posso simplesmente replicar os problemas, as angústias e ficar por horas e horas contando as derrotas, mas não é por isso que estamos aqui! Estamos aqui por um objetivo de vida e é exatamente aqui que baterei forte.

Tudo aquilo que alguém precisa para vencer na vida é ter paciência, fé e trabalhar duro para que esse sonho se realize!

A realidade é que sua vida financeira não deve estar das melhores. Isso mesmo: tenho certeza de que, se você está lendo este livro, é porque efetivamente precisa de ajuda.

A palavra mais importante do dicionário

Se você está aqui é porque quer mudar de vida e pode ter certeza: você também – assim como eu – não é talentoso. Aqui resta aquela pergunta simples: *Por que o Evandro está sendo repetitivo em um assunto que aparentemente é tão simples?*

Resposta: não estou sendo prolixo ou mesmo tendencioso e nunca confunda sinceridade com grosseria ou mesmo amigos com colegas.

Acompanho todos os dias a vida de milhares de pessoas, as reclamações e todos os problemas comuns que afligem 99% delas.

Trace metas, responsabilidades e seja firmes em todas as decisões, pois essas características me fizeram vencer as barreiras da pobreza e me transformaram no que sou hoje.

Mesmo sem ser talentoso, consegui conquistar meus objetivos. Ou seja, se nascemos com talento, tudo fica mais fácil; se nascemos sem talento, temos que batalhar forte para vencer!

Acredite em você, pare de reclamar, acesse menos a internet para ver besteiras e estude mais! Invista em você mesmo.

Assim, depois de entender as duas regras fundamentais, é hora de iniciar a batalha pela mudança de vida. Acreditar em você é ter esperança; ter esperança é ter a perspectiva de vencer; ter a perspectiva de vencer e trabalhar forte é a receita do sucesso certo e absoluto em sua vida.

Faculdade *versus* concurso público

O nome do capítulo parece sugestivo e nos leva a crer que discutiremos aqui qual é o melhor caminho para a sua vida. Contudo, esse não é o foco principal e tratarei o assunto sob dois prismas diferentes.

O primeiro diz respeito ao maior confronto de quem já tem Ensino Superior e está estudando para concursos. Para você que está formado, que estudou quatro ou cinco anos e ostenta hoje um diploma que não está resolvendo muita coisa, a pergunta é uma só: por que a faculdade passou tão rápido e o estudo para concurso simplesmente parece não ter fim?

A resposta é simples: responsabilidade! Quando entramos na faculdade, na maioria das vezes, nem mesmo sabemos por que estamos fazendo aquele curso ou por que escolhermos aquela área.

No início, tudo são flores, pois ver um filho se formar é praticamente o sonho de todo pai e toda mãe que se preze. Na prática, o sonho aqui nem mesmo é seu!

No primeiro ano da graduação, você faz a maior festa, comemora ter entrado em uma faculdade particular (com exceções, é claro) em que o vestibular incluiu apenas escrever uma redação, que provavelmente nem correção teve. Em seguida, matricularam você. A sequência já é conhecida: barzinhos, comemorações e notas razoáveis, ou seja, você tira a nota somente para passar. É o chamado "fazer para o jantar".

Quando você chega ao meio da faculdade, jura que, se não tivesse investido tanto, teria parado, que tudo parece não fazer sentido e que o curso é a maior enganação. Pelo menos, esse é o sentimento de muitos e, repito, não estou generalizando, apesar de saber que, se você está lendo este livro, é porque de fato a sua faculdade não resolveu muita coisa.

O final é conhecido. Professor bom é aquele que não faz chamada e que dá nota. Isso mesmo: os melhores são os mais incompetentes; e os mais responsáveis são os chatos que não deixarão você se formar.

Depois disso, chega o grande dia. Você se formou, fez a maior festança, comeu, bebeu e reclamou que algo deu errado na sua formatura, mas tudo bem, enfim, formado.

Mas é aqui que você se dá conta de que ostentar seu diploma não é garantia de um futuro estável. Pronto, agora você está no mundo cão, onde todos possuem os mesmos requisitos e a disputa por migalhas é severa!

Os anos de faculdade passaram e você nem percebeu. Por outro lado, estudar para concursos tem um objetivo bem diferente. Aqui o que manda é a palavra "responsabilidade" e não existe professor que fará você passar, nem mesmo segredos mágicos, como aquelas colas que você fazia para se virar quando algo dava errado.

O jogo aqui é sério e os concorrentes não têm pena de você. Na faculdade você estudava somente para passar de ano. Agora a disputa é para mudar de vida. É exatamente por isso que o tempo parece não passar.

Imagine-se estudando 500 horas de verdade. Isso mesmo, horas de verdade são aquelas em que você se senta na frente dos livros, liga o cronômetro e, a qualquer parada, você para igualmente o cronômetro.

Estudar para concursos gera uma responsabilidade única e, para que você entenda, vou exemplificar.

Você é do tamanho do seu sonho!

Já reparou que, no dia do concurso, aqueles milhares de concorrentes chegam felizes da vida e com a sensação de que passarão no concurso? Aqueles senhores e senhoras são "os bobos da vez". Fico imaginando o quão inocentes são aquelas criaturas sem noção que acham que passarão em um concurso para ganhar bem, ter estabilidade e se garantir para o restante da vida sem ao menos conhecer o edital. Pobres mortais normais e esquisitos!

Agora, se você se dedicou, ralou, estudou por horas e horas, a responsabilidade cria o efeito reverso. Cria-se a forte sensação, minutos antes da prova, de que você não sabe nada, tudo que você estudou não faz sentido e tudo vai dar errado.

Essas sensações são multiplicadas por dezenas de vezes, por dezenas de concursos que gerarão fracassos por anos a fio. Você será cobrado e responsabilizado por algo que as outras pessoas nem ao menos entendem.

Quero apenas fazer uma ressalva. Quem decide é você! Na minha opinião, ter Ensino Superior efetivamente amplia seu leque de opções, pois os melhores concursos pedem esse requisito.

O Brasil é o país de oportunidades. Se não bastasse o art. 37 da Constituição Federal garantir o direito de ingresso a cargos e empregos públicos por meio do concurso, a lei ainda garante a você se formar em um curso de tecnólogo reconhecido pelo Ministério da Educação. Assim, para que fazer um curso de cinco anos, para depois prestar um bom concurso, você pode se formar em tecnólogo e já partir para um grande concurso. Mas isso só funciona se você já estiver decidido a ser servidor público!

Deixe-me relatar um episódio que marcou minha vida e determinou esse conhecido discurso que você acabou de ler. Vou preservar o nome das pessoas envolvidas, pois elas não me autorizaram, mas a história é verídica.

Tenho dois amigos que são auditores da Receita Federal do Brasil. Certo dia, encontrei os dois e começamos a conversar sobre a vida, as dificuldades passadas e sobre como estávamos realizados. No meio da conversa, surgiu a pergunta:

– Você é formado em quê?

Eu respondi:

– Sou formado em Administração de Empresas e fiz Direito, mas não concluí esse último curso. Assim que virei empresário, as coisas pesaram!

Um dos auditores relatou ser formado em engenharia em uma das melhores faculdades do Rio de Janeiro e deu uma esnobada legal, dizendo que tinha mestrado e doutorado. Foi esse o erro da vez! Já ouviram a expressão "dava para dormir sem essa"? Pois bem, vejam a resposta do outro auditor:

– Legal, cinco anos dessa faculdade top de linha, mais alguns anos de mestrado, outros tantos de doutorado. E eu, formado em tecnólogo de porcaria nenhuma que nem lembro o nome, estou no mesmo concurso que você, só que com um detalhe: tenho função de confiança e ganho mais do que você!

Confesso que até eu fiquei queimando de vergonha alheia! O restante do bate-boca não vale relatar, porque saíram várias palavras de baixo calão.

Imagino que você entenda desse exemplo que é possível decidir trilhar um caminho longo e penoso ou escolher uma caminho mais curto. Lembre-se de que, para alguns cargos específicos, você precisa ter formação específica. Esse é o caso dos cargos de Juiz, Promotor, Delegado de Polícia e afins.

Como conclusão deste capítulo, entenda que cabe a você ser responsável por suas escolhas. Não tenho a pretensão de ser formador de opinião. Expus somente a realidade nua e crua do dia a dia de quem está na luta por dias melhores.

A grande lição

A grande lição que deve ser extraída deste livro é a que a determinação, a vontade, a paciência e a perseverança são características de pessoas vencedoras.

Não desistir dos nossos sonhos é algo que nos torna especiais. Ser especial é enxergar nos problemas grandes oportunidades de mudança de vida.

Assim, deixo aqui os 10 passos finais para quem quer ter sucesso não somente no mundo dos concursos, mas na vida.

Passo 1	Quando os problemas baterem à sua porta – e baterão –, não desanime. Todas as pessoas interessantes e vitoriosas que conheci perderam muito antes de se destacarem da multidão.
Passo 2	Quando decidir fazer alguma coisa, faça! Não deixe que nada nem ninguém impeça você de fazer aquilo que sabe que nasceu para fazer!
Passo 3	Lutar no campo dos lugares difíceis é mais desafiador. Além disso, lá a concorrência é sempre menor!
Passo 4	Não pense que em sua trajetória aparecerão muitas pessoas que o ajudarão. Muito pelo contrário, as pessoas, quando descobrem que você está em busca de algo maior, tendem a invejar algo que nem ao menos aconteceu.

A grande lição

Passo 5	Quanto menos pessoas souberem de sua vida e seus projetos, mais bem-sucedido e feliz você será. Assim, não conte aos quatro ventos seus projetos ou mesmo seus sonhos. Deixe que o sucesso – quando ocorrer – diga por ele mesmo.
Passo 6	Não force as pessoas a acreditarem em você. Simplesmente batalhe forte em prol de um futuro melhor. De tanto confiar em você mesmo, as pessoas serão forçadas a acreditar.
Passo 7	Lembre-se de que ninguém baterá mais em você que sua própria vida. Não espere sentado por aquilo que a vida lhe reserva. Acorde nesse exato momento e escreva, você, seu futuro.
Passo 8	Tenhas pessoas que você admire, espelhe-se em pessoas de sucesso, somente assim você terá uma referência de qualidade nos momentos difíceis que – com toda certeza – virão.
Passo 9	Não espere apoio das pessoas, principalmente das mais próximas a você. Assim como os problemas, as vitórias serão somente suas. No final, restarão somente você e seus sonhos!
Passo 10	As melhores e mais bem-sucedidas pessoas que conheci tiveram paciência e sempre fizeram planos a longo prazo. O imediatismo e o comodismo serão os selos do seu fracasso. Assim, tenha paciência, fé em Deus e lute sempre pelo seu futuro. Ainda não criaram palavra mais importante que esperança.

PARTE 3

DO CONJUNTO HABITACIONAL AO MUNDO EMPRESARIAL

PARTE 3

Tome posse do seu destino

O medo não dirige BMW

A diferença entre louco e gênio é o resultado

Tudo na vida tem que ter um dono

Sucesso não Traz Felicidade; Felicidade Traz Sucesso

Entrando em alta performance – O "quarto grau"

Espere o melhor, prepare-se para o pior, enfrente o que vier

Pensar pequeno e pensar grande dá o mesmo trabalho

Uma nova história

Tome posse do seu destino

O que você lerá a seguir pode parecer repetitivo, mas creio que é essencial analisarmos os acontecimentos a partir de várias perspectivas, para não cometermos os mesmos erros. Quero mostrar o quanto é importante ter atitude, saber seguir em frente, erguer a cabeça, não deixar ninguém te empurrar para baixo, além de trabalhar em silêncio. É isso mesmo. Tenha em mente que quanto menos pessoas souberem de sua vida e de seus projetos, mais feliz e bem-sucedido você será!

Tudo o que fiz na minha vida fiz com paixão e determinação, e isso me acompanhou desde o início. Confesso que nunca fui o melhor em tudo, mas sempre dei o meu máximo. Eu não me contentava em fazer o básico, em ficar em segundo, queria sempre algo maior.

Todos os anos eu ficava em recuperação no colégio, mas, no final, sempre dava um gás a mais e a coisa funcionava.

Na infância, eu praticava Judô. Mesmo não sendo o número 1, sempre fui muito dedicado. A regra era quebrar o braço, mas não bater. Pedir arrego? Jamais! Essa lição meu pai me ensinou bem.

Enfim, por diversas experiências da minha vida, aprendi que as coisas não acontecem do dia para a noite e que sempre haverá uma grande chance de dar errado antes de dar certo. Para funcionar, você deverá ter paciência, planejar no longo prazo e trabalhar duro, noite e dia, de segunda a segunda, para fazer acontecer.

Aprendi que, sem atitude, determinação e muito estudo, nada se faz, ou seja, nada vem fácil na vida. E, sinceramente falando, se viesse fácil, não serviria para mim.

O medo não dirige BMW

O ano de 2008 se iniciou e, com ele, a certeza de que concursos maiores viriam e que minhas conquistas até aquele ano – por melhores que fossem em comparação com a minha realidade anterior – ainda eram pequenas, mas nem de longe eu poderia imaginar o que viria a seguir.

Fui convidado por um colega de trabalho para dar aulas em um curso "piloto" em Catanduvas, interior do Paraná. O engraçado é que as aulas eram em uma associação rural e sem a mínima estrutura, mas confesso que a regra ali era se divertir. Nessa época, eu estava tão empolgado com os estudos que acabei por ministrar aulas de tudo o que se possa imaginar, desde Direito Administrativo até Língua Portuguesa, e isso se dava pela falta de professores.

O ano se passou e, como a ideia deu certo em Catanduvas, resolvemos ir para Cascavel. Eu entrei na sociedade quando ela já estava formada, mas confesso que nunca tinha visto uma bagunça tão grande.

O primeiro sócio que tive era um "louco do bem", um cara altamente legal, mas totalmente desorganizado. A coisa boa dele era a paixão no que fazia, mas, como acabei de dizer, era desorganizado. Para isso não havia conserto. Não posso dizer que somos amigos hoje, até porque, depois que desfizemos a sociedade, nunca mais falei com ele. Dessa época, tirei primeiro ensinamento como empreendedor:

» Nunca comece algo sem organização e sem um plano de negócios.

> Quando você resolver começar uma atividade como empreendedor, elabore um plano de negócios, pois esse plano é a melhor ferramenta contra a falência precoce.

> Quando montar seu plano, tenha metas arrojadas, mas comece com o pé no chão. Todas as boas ideias que conheço e que terminaram em sonhos frustrados, não resistiram à falta de um planejamento concreto.

> As estatísticas recentes indicam que uma em cada três novas empresas brasileiras fecham antes de completar um ano por pura falta de planejamento e organização. A regra, quando for empreender, é fugir dessa estatística. Monte um bom planejamento e comece fazendo direito.

Sobre esse primeiro empreendimento, carrego comigo valiosas lições. Nessa época, eu não tinha a menor noção do que era ser empresário e a única coisa que percebi de pronto foi que ninguém pode fazer dar certo a não ser você.

Sem melindre algum, eu atendia, fazia o financeiro, lavava banheiro, arrumava a parte dos equipamentos e, é claro, dava aulas.

Como todo bom negócio, alguém tem que fazer dar certo. E eu fiz dar certo, mas a sociedade começou a desmoronar quando as ideias começaram a desalinhar. Nessa época, senti que o negócio para o meu sócio era ganhar um dinheiro e complementar a renda do serviço público e eu – sempre na minha loucura insana – comecei a achar que a coisa poderia ficar maior, muito maior.

Certo dia, tivemos um desentendimento que foi determinante para minha saída. Resolvemos dissolver a sociedade e deixei para trás duas centenas de alunos que jurei abraçar até o dia em que eles conseguissem vencer.

Quando eu saí do Servidor Concursos, em 2009, saí financeiramente quebrado, mas com a energia à flor da pele para fazer dar certo. Pode ter certeza: se não fosse no Alfa, seria em outro lugar.

Você é do tamanho do seu sonho!

Nessa época, comecei a me inspirar em algumas histórias, ou seja, aprendi a ler artigos especializados, biografias e estudar casos de sucesso. O problema é que eu só queria estudar casos grandes e comecei a pensar a ser grande e, de lá para cá, a ideia de ser o maior do Brasil no segmento que escolhi virou obsessão.

No dia em que saí da empresa que fundei, conheci um dos donos dos colégios Alfa. Como é do meu perfil, comecei a falar e não parei mais e, de tão empolgado, convenci a ele e os outros dois sócios a me dar a oportunidade de tocar um novo segmento dentro de um colégio que não tinha a tradição em concursos públicos, mas que era referência em pré-vestibular.

Confesso que a história que vou contar agora não agrada muito, mas é a mais pura verdade.

Um dos sócios me disse: "Vamos investir um tanto em mídia, mas só fecharemos a turma quando tivermos 30 alunos de quórum em cada."

Bem, eu tinha projetado duas turmas. A primeira era para concurso da prefeitura com o edital aberto; a segunda era para a Polícia Rodoviária Federal, que estava para sair. Isso era em março de 2009.

Assim foi feito. Começamos a divulgação e eu fazia matrícula a próprio punho, sem assistente, sem apoio, enfim, era somente eu, a estrutura do colégio e um único professor que veio comigo.

A segunda-feira chegou e teríamos as primeiras aulas à noite. Minha missão era ter um quórum de 30 alunos por sala. Quando passou do meio-dia, eu pedi um relatório e o susto veio: tínhamos apenas 17 matrículas na PRF e 23 matrículas na turma da prefeitura.

Confesso que hoje acho graça em algumas idiotices eficientes que fiz. Mesmo assim, conseguimos fazer com que as aulas começassem.

Depois disso, a coisa andou e foram muitas manhãs, tardes, noites, madrugadas, muitas alegrias, lágrimas e um trabalho que se perdura até os dias atuais. Enfim, os anos de 2008 e 2009 foram de muito trabalho, muita dedicação e muito aprendizado.

Nessa época, conheci uma pessoa muito importante para a minha vida de empreendedor, a Franciele Lima. Fran começou como minha assistente e passou muita coisa comigo. Esteve e ainda está ao meu lado no AlfaCon.

A maior lição que tiro dessa época foi que tudo na vida tem que ter um dono e que nada nessa vida é óbvio. Ou seja, aprendi que se deve escutar as pessoas, mas as decisões cabem a você. Assuma a responsabilidade e decida.

Conheci o Evandro no finalzinho de 2009, por meio de meu esposo, Jorge, que, na época, estudava para concursos e buscava mudar de vida conquistando um cargo público. Meu marido iniciou os estudos em uma turma da Polícia Federal, de edital aberto. Ele dizia que tinha um "carioca louco" que dava aula de Direito Administrativo e que eu precisava conhecer.

Franciele Lima

Nesse mesmo ano, saiu o edital da Polícia Civil do Paraná. Percebi que essa era a oportunidade de eu largar dois empregos dos quais não gostava e lutar para conquistar meu cargo público.

Nas primeiras aulas, fiquei fascinada pelo discurso do Evandro. Sua história de vida me cativou. Ele mostrou para a turma toda que era possível mudar de vida por meio do estudo, desde que houvesse dedicação e planejamento.

Surgiu a oportunidade de participar do processo seletivo para uma vaga no Alfa Concursos Públicos. Passei por uma seleção rigorosa e fui a escolhida para a vaga. Tive contato direto com muitas histórias de superação, de dificuldades, de adversidades. Encontrei nisso o motivo real de amar tanto o que faço até hoje. Entendi que mudar a vida das pessoas é uma responsabilidade muito grande.

Assim que comecei a trabalhar no Alfa, as demandas de trabalho não paravam de aumentar, e as turmas começavam a dar certo. Confesso que, no início, não acreditava que tudo mesmo funcionaria. Enfrentávamos inúmeros problemas e passávamos por várias dificuldades, como não conseguir o quórum mínimo de alunos exigido pelo colégio para liberação das salas. Nesse momento é que a determinação e a garra do Evandro entravam em ação. Ele estava sempre motivado, não deixava que as adversidades nos abalasse, criava maneiras de chegar aos alunos, servia de exemplo com sua história de vida. Era incrível. Em poucos dias, as salas ficavam lotadas.

Em 8 anos, desenvolvi uma grande parceria com Evandro. Aprendi, cresci, evoluí como pessoa e profissional. O que levo de mais valioso para a minha vida é uma frase dele, a qual me inspira dia a dia: "JAMAIS deixe de pensar nas pessoas."

Por isso, todos os dias, penso em todos os alunos que fizeram ou ainda fazem parte desta fábrica de realização de sonhos, chamada AlfaCon.

O Evandro se dedica cada minuto aos alunos, que de todo o Brasil, que buscam uma mudança de vida, passando sempre a mensagem de confiança e lembrando a cada um: esforce-se, sua vida vai mudar.

Do Evandro, serei sempre uma admiradora!

Franciele Lima – diretora pedagógica do AlfaCon

A diferença entre o louco e o gênio é o resultado

Quando constituímos a primeira sociedade, eu não tinha a menor noção do que era ser empresário. Mas a responsabilidade foi minha, pois, assim como muitos empreendedores, eu comecei meio na loucura e sem a menor noção de organização financeira, organizacional e estratégica. Simplesmente comecei.

O primeiro curso, chamado Servidor Concursos, quebrou financeiramente, e fiquei com parte das dívidas referentes a aparelhos de ar-condicionado e cadeiras que havia comprado. Fui ao estabelecimento onde havia feito a compra e disse ao dono: "Olha, não tenho dinheiro para pagar agora e não tenho previsão de quando terei, mas na primeira oportunidade retornarei aqui para lhe pagar." O dono ficou meio assustado, mas confiou na minha palavra. Algum tempo depois, na primeira distribuição de lucros que tive no Colégio Alfa, peguei praticamente tudo que havia recebido, retornei ao local e cumpri o prometido. Meu pai me ensinou algo que nunca esqueci: "Fique sem dinheiro, mas nunca fique sem sua palavra."

Quando comecei no Colégio Alfa, não fui como sócio, mas como parceiro. Naquela época, minha função era trabalhar e tocar a operação do negócio, mas sem o menor controle financeiro.

Com a ajuda da tradição do colégio e com muita competência, iniciamos 2010 com mais de 1.000 alunos na sede, graças aos concursos da

A diferença entre o louco e o gênio é o resultado

Polícia Militar do Paraná e do concurso do Ministério Público da União. O mais difícil nesse período era treinar novos professores, já que a cidade não tinha a mínima cultura de concursos públicos.

Naquele ano, lembro-me de ter reunido vários professores em uma sala e de ter feito um discurso caloroso, em que afirmei que seríamos os maiores do Brasil. Somente dois deles não debocharam de mim e realmente acreditaram que isso seria possível, Daniel Lustosa e João Paulo, justamente os dois que continuam comigo até hoje. Tudo bem que esse dia merecia um capítulo próprio, mas disso tiro uma lição:

Como todo grande sonhador, fui desafiado, criticado e alvo de deboche. A regra fundamental é não dar ideia para as pessoas que não acreditam em você e também não fazer nada para provar qualquer coisa a elas. É preciso deixar que seu trabalho guie sua vida. Prepare seu futuro e seus resultados falarão por você.

Você é do tamanho do seu sonho!

Equipe pedagógica do Colégio Alfa, em 2010.

Primeiros alunos monitores do presencial. Destes, 17 foram aprovados em concursos como PF, PRF, Depen e INSS.

Alunos do presencial da PM fazendo o famoso grito "Alfartanos, Força!".

Tudo na vida tem que ter um dono

Eu passei a usar alguns modelos de gestão como exemplo. De todos os ensinamentos, uma frase sempre ecoou na minha cabeça: **Por que algumas empresas alcançam a excelência e outras não?**

O ano de 2013 começou com o pé direito e eu com a meta de comandar uma empresa em pleno crescimento e com a missão de transformá-la na maior empresa de concursos públicos do Brasil. Confesso que foi determinante a profissionalização de todos os sócios, até porque, naquele momento, tínhamos uma sociedade anônima de capital aberto na bolsa como controladora, e a gestão profissionalizada se fazia necessária.

Como sempre, na minha saga por copiar histórias de sucesso, acabei esbarrando por acidente em uma palestra do Marcel Telles, feita na FGV em 1990, logo após a compra da cervejaria Brahma. Seu discurso bateu como uma rocha na minha cabeça e, de três pilares, o último foi o que me chamou mais atenção: **Na vida e nos negócios, tudo tem que ter um dono.**

Depois de assistir àquela palestra, fiquei obcecado pela história de personalidades do mundo empresarial, como Jorge Paulo Lemann, Marcel Telles e Beto Sicupira. Desde então, sou fã incondicional do trio.

Vou deixar aqui 5 dicas dessa palestra que levo para o meu dia a dia:

Você é do tamanho do seu sonho!

1	**Em Administração, não existe certo ou errado.** O que existe são ferramentas de gestão que, quando bem usadas, são fundamentais para o sucesso e para a longevidade de qualquer companhia. Assim, antes de somente copiar as coisas, entenda seu negócio e use práticas que já obtiveram sucesso, ou seja, copie somente o que for se ajustar sua realidade. Mas não existe uma fórmula de bolo, então a regra é ir testando.
2	**Nada na vida é óbvio.** Então, esqueça aquela ideia de que aquilo que alguém já fez vai funcionar 100% na sua realidade ou que o negócio vai dar sempre certo. Aqui puxo para a terceira dica.
3	**Merdas acontecem.** Prepare-se para tempos ruins e não se distraia com o sucesso repentino. Uma hora ou outra as coisas vão ficar difíceis e você, mais do que ninguém, tem que estar à frente de seu negócio.
4	**Pense fora da caixa.** Vou resumir "pensar fora da caixa" com apenas uma palavra: inovação. Quem fica preso no passado e não evolui é engolido pelo mercado. A dica fundamental aqui é conhecer histórias de quem ficou simplesmente parado e foi engolido. A história que serve como inspiração foi a da Kodak. Fundada em 1881, foi líder de seu segmento por anos e, em 2012, declarou falência quando apresentou, perante um tribunal de Nova Iorque, um pedido de concordata para reorganizar seus negócios. Em fevereiro de 2012, anunciou que deixaria de fabricar câmeras digitais de foto e vídeo. Foi só no último semestre de 2014 que a empresa anunciou o lançamento de smartphones em parceria com uma empresa britânica, ou seja, resolveu inovar somente depois de quebrar.
5	**Tudo tem que ter um dono.** Já reparou que repito essa regra diversas vezes? Em qualquer gestão de sucesso alguém tem que decidir. Comitê não decide, grupo não decide, enfim, gestões compartilhadas de um mesmo negócio tendem a dar errado. Essa regra copiei de várias personalidades de sucesso, e replico isso a todos os líderes que estão ao meu lado.

Esta última dica é uma característica muito forte da minha personalidade, e foi decisiva para que meus projetos dessem certo.

Sucesso não traz felicidade; felicidade traz sucesso

Em meados de março de 2009, fui para o Colégio Alfa. O legal é que o Alfa sempre foi uma escola de ponta com Ensino Fundamental, Ensino Médio e pré-vestibular de alta qualidade, mas nunca tinha conseguido emplacar o segmento de concurso público.

Fizemos um acordo e entrei de cabeça no trabalho. Nessa época, eu trabalhava no Depen e já estava aprovado no concurso da PRF de 2008. Ajustei minha agenda para trabalhar no plantão de 24 horas no serviço público e usava os outros três dias de folga para me dedicar a esse novo negócio, incluindo finais de semana e feriados. Enfim, resolvi que esse projeto daria certo de qualquer forma.

Foram anos pesados e tudo funcionou, porque eu estava todos os dias em cima de tudo que se poderia pensar, desde a montagem da grade dos alunos até a escolha de professores. Na verdade, mesmo no dia em que eu estava no serviço público, eu não parava de pensar no Alfa Concursos.

No final de 2010, chegou à Cascavel mais uma pessoa para tocar outro projeto dos colégios Alfa: o Javert Falco. Ele veio com a função de ser o responsável pelos cursos tecnológicos, mas acabou se apaixonando pelo concurso público e entrou na sociedade para me ajudar a conduzir o negócio.

Nessa época, eu já tinha aberto o Alfa Concursos Online, que, em 2012, foi rebatizado como AlfaCon.

Com a ajuda do Javert, organizamos a empresa e começamos a crescer no universo on-line. Nessa época, já éramos um gigante improvável em um lugar praticamente impossível para um curso preparatório para concursos, uma vez que a cidade de Cascavel era pequena, possuía pouco mais de 300 mil habitantes.

Javert Falco

Em 2011, chegou o terceiro membro do que viria a se transformar na gestão definitiva do AlfaCon. Jadson Siqueira chegou de Londres e, assim que bateu o olho no negócio, se apaixonou. Ele trouxe a competência e as habilidades em internet e mídia digital.

No final daquele ano, e depois de uma série de "eventos de sorte", tivemos a visita de um representante de uma renomada empresa de educação, que à ocasião tinha recentemente aberto seu capital na bolsa e precisava investir no segmento de educação.

A empresa separou seus negócios em Mídia e Educação, sua vertente recém-criada, e, para isso, abriram capital na bolsa. Foi feito um *IPO*, que é a oferta pública de ações de uma empresa na B3.

Capitalizada, a companhia procurava empresas promissoras para adquirir no ramo de Educação. No final de 2011, um dos diretores da empresa viajou até Cascavel, onde nos encontramos e conversamos sobre a nossa empresa, ainda uma *startup*.

Meses depois, eu estava no Conselho de Administração daquela empresa, sem a mínima noção de quem compunha o conselho. Fiz a minha apresentação de como funcionava o mercado, de como o crescimento e a penetração de nossa empresa ocorreria naquele mercado sazonal e de como tudo girava em torno do universo do concurso. Posso afirmar, sem dúvidas, que ali começou minha carreira de empresário de alta *performance,* de fé e fato.

Depois da apresentação, um representante da empresa veio até mim e disse uma frase que nunca mais vou esquecer: **Nunca pare de estudar. Agora você está na fase do estudo continuado. Esqueça faculdade, esqueça tudo e comece a estudar pensando no mundo real, no mundo corporativo de alto desempenho!**

Foi exatamente o que fiz a partir daquele dia. Na verdade, virei um aficionado em biografia de pessoas de sucesso, depois comecei a estudar casos que deram certo e casos que fracassaram. Passei a ler desde bibliografias que tratavam de vendas de alto desempenho a livros que explicavam como CEOs administravam suas empresas de forma que elas fossem as melhores.

Jadson Siqueira

As conversas avançaram e, após um ano de intensas negociações, o AlfaCon foi avaliado em R$ 12,5 milhões em outubro de 2012. Vendemos 51% das ações da empresa.

Eu me tornei CEO e presidente do AlfaCon. Meus sócios, Jadson e Javert, viraram respectivamente diretor de Marketing (CMO) e diretor financeiro (CFO) da companhia.

Depois desse dia, iniciei uma incessante lista de estudos; agora, não para passar em concursos públicos, mas para ser um gestor que um dia seria considerado um modelo a ser seguido.

Aqui fica uma lição importante que aprendi: nunca desista de um sonho só por causa do tempo que vai levar para realizá-lo. O tempo, no fim, vai passar de qualquer forma!

Entrando em alta *performance* - O "quarto grau"

O início do livro de Jim Collins, *Empresas feitas para Vencer*, já chama para a responsabilidade de se viver em alta performance. O primeiro capítulo tem o seguinte título: "O bom é inimigo do ótimo." Copiando fielmente essa ideia, coloquei a minha "cara" na gestão da empresa e comecei a cobrar desempenho, sempre pensando em achar o ponto ótimo e tentando fugir da mediocridade do "bom".

A maior dificuldade que tive no início foi separar o que era sociedade e o que era gestão. Empresas de sucesso devem obrigatoriamente ter alguém que decide, que bate o martelo. Comitês ou grupos não tomam decisões, pelo contrário, embolam as ações emergenciais e, no fim, acabam prejudicando um negócio de sucesso.

Quando Javert e Jadson e, principalmente, a sociedade antiga entenderam isso, o negócio decolou de uma forma que simplesmente surpreendeu a todos.

Depois disso, o tempo foi responsável por transformar a minha vida. A ideia do estudo continuado, chamado quarto grau, firmou em minha cabeça como uma bomba e comecei a ler sem freio, a assistir palestras e tudo mais que se possa pensar. Mas nada fez tanto efeito como lidar com os conselheiros e diretores da nossa sócia majoritária, pois conviver com pessoas experientes e capacitadas no dia a dia é o maior ensinamento que podemos ter.

Espere o melhor, prepare-se para o pior, enfrente o que vier

Em 2014, às vésperas do concurso da Polícia Federal, eu tinha fechado um time de professores que, em sua totalidade, tinham sido treinados por mim, mas nunca tinham dado aula para concursos públicos, mas que, com dedicação, vontade, perseverança e, lógico, anos de treinamento e controle, se tornaram professores acima da média.

O que nos fazia (e ainda hoje nos faz) forte não é a individualidade, mas a competência do grupo, a ideia fixa de trabalhar em equipe. Só que eu vinha tendo alguns problemas com alguns professores e, por mais que a Franciele me dissesse que eles sairiam, eu me recusava a acreditar, afinal de contas, todas as vezes que eu os encontrava, o clima era o melhor possível.

Uma semana antes da liberação do edital, alguns professores realmente tomaram a decisão de sair da equipe. Quando isso aconteceu, decidi passar o final de semana reestruturando toda a grade de docentes. A primeira ação foi substituí-los à altura, para que os alunos não sentissem a mudança.

Como tínhamos vindo da maior aprovação do Brasil em 2013 nos concursos da PF, PRF, PCDF e Depen, não poderíamos fazer feio. E não fizemos. Resultado: cerca de 10% das vagas nacionais saíram de um único lugar, de uma única sala de aula lotada de sonhos e, de brinde, vieram daquela sala o 2º e o 9º colocados nacionais. O restante dos aprovados veio do On-line e totalizamos mais de um terço das vagas nacionais.

O que aprendi com esse episódio:

1. Continue acreditando nas pessoas, mesmo que algumas delas tenham feito algo que você considera ações sem caráter. Ou seja, não deixe de acreditar no próximo, só porque alguém fez algo ruim a você.
2. Quando um desafio aparecer, não se desespere. Pare, sinta, reflita e tome ações planejadas, pensando sempre em resolver o problema; por vezes, merdas acontecem, e não podemos ficar reclamando de algo que precisa de solução. Assim, agir é a melhor opção.
3. Não deixe que as pessoas digam que você não vai conseguir. Tudo na vida tem que ter um dono e você tem que ser dono do seu destino, dono dos seus problemas. Enfim, ao se deparar com algum imprevisto, simplesmente mantenha a calma e siga em frente.
4. Se quiser conhecer uma pessoa, não preste atenção em nada do que ela diz. Somente observe suas ações e você irá conhecer a verdadeira essência de um ser.
5. Nunca desista de seus sonhos somente porque um problema entrou no caminho. Procure modos e meios éticos de contornar, seja arrojado e, às vezes, agressivo com o problema e, no final, conte a você mesmo que a essência somos nós e nossos sonhos.
6. Para ter sucesso no que se faz, temos que ter uma paixão quase sobrenatural; se olharmos somente a atitude das pessoas ou mesmo somente o lado racional, simplesmente iremos desistir de nossos objetivos.

7. A maior habilidade que um líder deve ter é desenvolver habilidades extraordinárias em pessoas comuns. E foi exatamente o que me propus a fazer. O problema é que pessoas boas comuns esquecem que os times são sempre mais fortes e que todo time forte deve ter uma história.
8. A palavra convence, mas o exemplo arrasta. Ou seja, é importante falar e ensinar o que se deve fazer, mas nada tem tanto poder de convencimento quanto o exemplo dado por suas ações.
9. É preciso coragem e muita competência para fazer a diferença.
10. O que nos define verdadeiramente é a forma com que nos levantamos depois de uma queda.

O interessante é que, após a saída dessas pessoas, a empresa praticamente dobrou de tamanho e a equipe que ficou encontrou novos reforços que nunca chegariam sem esse episódio. Hoje vejo que não foi algo ruim, mas necessário. Ninguém precisa ficar onde não quer. A única coisa que as pessoas precisam cultivar para ter sucesso é achar a forma certa de sair. Quem sai de um lugar de cabeça erguida segue a vida inteira na mesma postura. E quem permanece tem que ter em mente que, quando temos uma missão, não existe caminho difícil; existem pessoas fora do propósito.

Pensar pequeno e pensar grande dá o mesmo trabalho

Quando iniciei minha empresa atual, nunca poderia imaginar que ela se transformaria em uma referência nacional. Confesso que até certa medida foi muito bom não ter essa noção, pois as coisas fluíram de forma natural.

Ainda me lembro de estar numa sala, debaixo de uma escada, com a Franciele e um notebook que simplesmente não funcionava se não estivesse conectado à energia. Lembro-me dos momentos de falta de dinheiro, das humilhações, dos debouches e das madrugadas em claro. Hoje entendo que algo que parece ser ruim, na verdade, é aquilo que se torna libertador.

Percebo que toda minha dedicação valeu a pena. Quando vejo o tamanho do AlfaCon, orgulho-me de nunca ter desistido, de não ter deixado as críticas negativas me desanimarem. Em 14 de dezembro de 2015, inauguramos a nova sede do AlfaCon, um lugar criado especificamente para quem está se preparando para concursos. Acreditamos de fé e fato que é o lugar onde ajudamos a realizar os sonhos daqueles que querem fazer de seus projetos de vida uma realidade.

Eu conquistei tudo o que sonhei? Não. Meu coração nunca para de pulsar. Ainda tenho muitos projetos a serem realizados. Penso que uma pessoa não pode jamais se acomodar. Devemos sempre ter aquele brilho no olhar, o qual é capaz de nos ajudar a realizar o impossível.

Pensar pequeno e pensar grande dá o mesmo trabalho

No fim, o que importa é sempre confiar em você mesmo. Quando decidir fazer algo, confie e haja com convicção de que vai dar certo, "queime seus barcos". Queimar os barcos é iniciar um projeto e ter em mente que está chegando a uma praia com seus guerreiros. Antes de seguir em frente para a batalha, queime os barcos. Dessa forma, você não tem para onde voltar, tem que avançar, seguir sempre em frente, custe o que custar. Saiba que todos nós somos covardes. O segredo é fingir que somos corajosos, porque, no final das contas, ninguém vai reparar mesmo.

Tenho perfeita noção de que mudei muito e fiz isso por meio do estudo. Desde o momento em que deixei de ser servidor público e acreditei fortemente que poderia vencer como empreendedor, tomei a iniciativa de estudar tudo o que fazia referência a esse novo desafio.

No ano de 2016, foram 26 novos livros lidos e inteiramente resumidos. Até mesmo para o leitor mais ferrenho esses números são desafiadores, mas é dessa forma que você vai vencer. A sociedade nos cobra os níveis Fundamental, Médio, Superior, mas esquece que o sucesso se encontra no estudo continuado. Esse quarto grau depende exclusivamente de você.

A educação muda o mundo e muda as pessoas. No meu caso, a mudança foi avassaladora. Vi e ainda vejo muitos talentos ficando para trás, e isso se dá pelo câncer que anula o sucesso pessoal, que é o comodismo.

Quando resolver iniciar seu projeto de vida, seja para ser aprovado em um concurso, seja para empreender, tenha em mente que tudo depende de você. Tudo na vida tem que ter um dono e ser dono do seu destino é o ponto que separa quem vence de quem levará para sempre uma vida medíocre.

Termino esta obra dando um conselho para quem não está satisfeito com o que a vida lhe reservou.

Cresci vendo meu pai ser a pessoa mais trabalhadora que conheço. Eu o vi saindo de um emprego e entrando no outro. Vi meu amigo perder várias noites de sono para poder dar à família o que nunca teve. Viver

Você é do tamanho do seu sonho!

esses episódios me fez enxergar que não importa o trabalho que se faça, se fizer bem feito terá o resultado esperado.

Meu pai não enriqueceu, mas teve uma vida digna, ensinou princípios aos filhos e deixou uma marca muito profunda em mim, que foi a percepção de que o trabalho duro é necessário para compor o caráter do homem. Como tudo evolui, evoluí agregando educação ao trabalho. Agreguei valor por meio do estudo, do aprendizado e por intermédio de um grande sonho.

Sonhei um dia em fazer do AlfaCon o maior curso preparatório para concursos do Brasil. Acreditei tanto que fiz disso minha vida, mesmo sendo desacreditado pela maioria. Confiei que, se acordasse cedo e dormisse tarde, que se trabalhasse mais e com mais paixão, as coisas aconteceriam, mesmo com todos os entraves da vida.

Você não precisa ser tão radical, mas precisa acreditar e construir metas, precisa desafiar a vida e estar preparado para as derrotas, porque elas virão. Precisa estar firme frente às críticas e saber que nada é óbvio, que as coisas darão errado no transcorrer dos projetos, e que tudo, absolutamente tudo, tem que ter um dono, e o dono dessa história deve ser você!

Nas reuniões do AlfaCon, Evandro dá o direcionamento estratégico da companhia.

O sucesso é escrito com suor, trabalho árduo e muita dedicação. A caneta que escreve esse sucesso deve estar em suas mãos. Quero que meu exemplo de vida seja uma inspiração para que você também se torne um vencedor.

Uma nova história

Eu costumo dizer que grandes coisas acontecem para quem não desiste, não para de trabalhar e pensa grande. E foi exatamente o que aconteceu nos anos posteriores.

Os anos de 2017 e 2018 foram de muita aprendizagem, uma negociação que durou quase um ano para a retomada do controle das ações do AlfaCon. Dobramos o faturamento da companhia e, mais do que nunca, solidificamo-nos como importante *player* do mercado.

No meio desse turbilhão, senti a necessidade de retribuir algo à sociedade. Criamos, no início de 2019, o *Fábrica de Valores*, que percorreu o Brasil em um grande treinamento de alta performance pessoal. Adivinhem? O projeto só cresceu!

Criamos o primeiro desafio do Instagram, às 5 horas da manhã, e foi um estouro. Tivemos quase 20 mil conexões ao vivo e 66 dias de empenho. Pronto, nosso lugar na história estava cravado!

Evandro em treinamento do Fábrica de Valores.

Você é do tamanho do seu sonho!

Mais tarde, fizemos um novo desafio em meio à maior pandemia mundial e adivinhem? Isso! Sucesso novamente, com mais de 45 mil conexões ao vivo! Um recorde na educação brasileira. Simplesmente tomamos a frente nas famosas *lives* do Instagram.

Mas você acha que acaba por aqui? É lógico que não! Em 2020 fizemos o maior planejamento da história do AlfaCon para transformá-lo em uma plataforma *multibrand*, e esse planejamento foi para 10 anos. Um período curto em se tratando de empresas, já que tudo tem que ser inovado, transformado e pensado em longo prazo.

Passamos por longas guerras de adaptações às novas regras, desafios que muitos empreendedores sofrem e nós vivenciamos e vencemos.

O mais legal dessa história toda é ver como o concurseiro Evandro se tornou um empresário, quebrando a cara, caindo, recomeçando e, enfim, vencendo, além de se transformar um palestrante de alta performance.

Para quem quer conhecer como nasceu a versão "Evandro empresário e empreendedor", não abordada nesta obra, recomendo a leitura do livro *O sonho é real*, escrito por mim e lançado em 2021, no qual conto a minha trajetória como empresário e empreendedor, além de dar diversas orientações para quem quer começar, mas não sabe como fazer nem a quem recorrer. Venha! Eu vou te guiar nessa nova fase da sua vida!

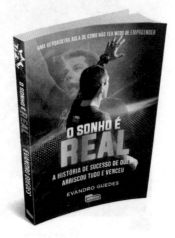

Saiba mais!

ACREDITAR É O PRIMEIRO PASSO PARA FAZER ACONTECER. SONHE SEMPRE GRANDE. SAIBA QUE O RESTO DEPEN DERÁ SOMENTE DE VOCÊ, AFINAL, VOCÊ É DO TAMANHO DO SEU SONHO.

Você é do tamanho do seu sonho!

Prefácio do menino que pensou grande

O documentário **Prefácio do menino que pensou grande** traz a história de Evandro Guedes, de forma simples e verdadeira, levando você ao interior do Rio de Janeiro.

Nele, Evandro abre as portas de sua casa e apresenta sua família e seus verdadeiros amigos, que fizeram e fazem parte de sua trajetória.

Acesse o QR Code e conheça a história completa!